ANTONIO ADOLFO

COMPOSIÇÃO

Uma discussão sobre o processo criativo brasileiro

Editado por Almir Chediak

LUMIAR
EDITORA

Copyright © 1997 Antonio Adolfo.
Todos os direitos reservados

Capa:
Bruno Liberati

Coordenação de Produção:
Monica Savini

Revisão de texto:
Nerval Gonçalves

Composição e Diagramação:
Antonio Adolfo

Editor Responsável:
Almir Chediak

Direitos de edição para o Brasil:
LUMIAR EDITORA
Rua Elvira Machado, 15 — Botafogo — Rio de Janeiro, RJ — Brasil
Fones: (021) 541-4045 / 541-9149 / 542-6686 / Fax: (021) 275-6295

Índice

Composição — Uma discussão sobre o processo criativo brasileiro   5
O sucesso   6
Música erudita, música popular e música folclórica   7
Canção e composição   8
Como chegar a ser compositor   8
Capítulo I — O início/aspecto geral   8
Ponto de partida   8
Aspecto musical — O domínio dos estilos   10
Aspecto poético — A letra de música   11
A influência literária   11
Tipo de canções   12
O que vem primeiro: melodia ou letra?   13
Parceria   13
Encontrando o parceiro ideal   14
Canções que foram marco de um estilo ou outro   14
Treinamento   14
Equipamento   15
Capítulo II — Forma   15
As diferentes partes de uma música   15
As diferentes partes (continuação)   17
Introdução   17
Coda   17
Trio   17
Interlúdio   17
Extensão (rabicho ou finalização)   17
Formato americano (Verse, Bridge e Chorus)   18
Verse   18
Bridge   18
Chorus   18
Fade   18
Capítulo III — Música   18
Melodia   18
Princípios básicos para se criar uma melodia   19
Ritmo (algumas noções)   20
Batida de tempo   20
Andamento   20
Métrica   20
Síncope   20
Como o ritmo preenche a música   21
Ritmos melódicos simples e ritmos complexos   21
Dicas para escrevermos um música   21
Tonalidades e escalas   22
Em que tonalidade deve-se escrever uma canção?   23
Combinando tudo   23
Motivos/Células   24
Motivos duplos (pergunta e resposta) e múltiplos   25
Variações sobre um motivo dado   25
Como encaminhar um motivo?   28
Expandindo o motivo em uma frase   29
Expandindo a frase em um período   29
Extensão ou registro   29
Tessitura   30
Melisma   30

Seqüência 30
Algumas regras 30
Capítulo IV — Harmonia/Acordes 31
Tríades 31
Tétrades 32
Harmonia/encadeamentos 32
Encadeamentos 33
Linhas do baixo 37
Música modal ou semimodal 38
Substituição de acordes (rearmonização) 38
Capítulo V — Letra 39
Letra e canção 39
Poesia e letra 40
O que é mais importante: música ou letra? 41
A letra localizada no tempo 41
Títulos 42
Forma 42
Sonoridade 42
Clima 43
Imagens 43
Vocabulário 44
Rima 45
Jogo de palavras 48
Associações e metáforas 48
Usando a mesma palavra para começar cada frase (anáfora) 49
Onomatopéia 49
Palavras antimusicais 49
Sobra de sílabas 50
Acentuando corretamente (prosódia) 50
Frases ou expressões oriundas de músicas que viraram expressões do povo 51
Palavras, frases ou expressões usadas popularmente e inseridas em música popular 51
Eco 51
Efeito: empurrando as palavras 52
Terminologia musical usada em letras 52
Palavras usadas com intuito de rimar e que acabam surtindo efeito interessante 53
Licenças poéticas 53
Palavras regionalistas 53
Temáticas preferidas dos letristas 53
Criando personagens 54
Assunto/originalidade 54
Pseudônimo 55
Dicas gerais 55
O domínio de um assunto no qual vai se escrever 55
Roteiro/método para se criar 55
Gancho 56
As diferentes escolas literárias brasileiras na área da música 56
Capítulo VI — Estilos 57
Estilos brasileiros 57
Estilos internacionais que influenciaram a criação dos nossos compositores 60
Outros estilos 63
Roteiro para se analisar uma música 63
Capítulo VII — Depois da música pronta 64
Direito Autoral 65
Arrecadação dos Direitos de Execução Pública 65
Glossário 67

COMPOSIÇÃO
(Uma discussão sobre o processo criativo brasileiro)

Compor é uma das atividades mais gratificantes em música. Apesar de comparada a um parto doloroso por alguns, não há compositor que não seja apaixonado por tal atividade.

Escrever sobre composição é também tarefa muito difícil, pois a criação não deve ter fronteiras. Muito poderíamos escrever sobre esta arte que é fonte de prazer e satisfação. Ela nos leva às mais longínquas fronteiras. E transcende as fronteiras. A música é nossa companheira em quase todos os momentos da vida. Quem não gosta de música só pode ser ruim da cabeça ou doente do pé.

Podemos, como simples ouvintes, ouvir uma canção e nos emocionar. Mas também podemos ouvi-la tecnicamente, isto é, prestando atenção a todos os seus elementos. É importante, para o compositor, saber ouvir das duas maneiras.

Quantos grandes compositores conseguem maravilhas sem sequer ter assistido a uma aula de música, ou mesmo a uma aula de Composição? Tampouco conhecem harmonia, literatura, forma etc. Suas melodias são totalmente intuitivas. Suas seqüências harmônicas e suas letras são totalmente espontâneas. Alguns alcançam a genialidade e se tornam populares, com suas canções na "boca do povo".

Na maioria das vezes, esses compositores nada sabem da teoria que se cria sobre suas obras. (Jobim: "a minha música é estudada e analisada nas escolas em diversas partes do mundo".)

Indubitavelmente esses autores desenvolvem sua própria técnica a partir do talento e experiência.

É claro, porém, que a técnica pode muitas vezes nos ajudar a alcançar em pouco tempo e com muito menos esforço algum resultado brilhante. Vinicius de Moraes é um exemplo do que estamos falando.

Se o compositor for talentoso, saberá fazer uso dessa técnica e conhecimento sem atrapalhar a sua criatividade. Se, por outro lado, não tiver o DOM DA CRIAÇÃO, as técnicas adquiridas poderão levá-lo até certo ponto, mas nunca será um GRANDE COMPOSITOR. "Ninguém aprende samba no colégio..." (Noel Rosa)

Cada compositor deve ter seu próprio estilo, ser único, esteja ele na área do Jazz, do Pop, do Samba ou outra qualquer. E é isso que importa. Uma das coisas mais importantes na criação de uma música é ter estilo próprio, assinatura.

Tenho tido a oportunidade de trabalhar em diferentes áreas como compositor, e cheguei à conclusão de que nada temos a perder por conhecer diferentes culturas. O estilo próprio, porém, não deverá ser afetado.

Sabemos muito bem que existem essas culturas diversas. Cada qual com sua beleza. Devemos respeitar todas e procurar apreciar sua beleza. É tudo uma questão de descondiciamento.

É preciso também ter consciência sobre a indústria cultural, pois esta tende a nos moldar (ou tendemos a ser moldados por ela). E é isso que muitas vezes pode ameaçar nossa espontaneidade.

Autores como Herbert Vianna, Lobão e Renato Russo são unânimes em declarar que "há lugar para tudo, desde que você seja sincero na sua criação. Se você tem talento e acredita no que faz, um dia chegará a sua vez de brilhar".

Uma música poderá ser bela ou não, e isso dependerá também do gosto de quem a ouvir.

Poderá ser sucesso ou não. Bem, isso dependerá de vários fatores, como mídia, momento, conteúdo, beleza, modismo, dentre tantos outros...

Há lugar para tudo. O importante é que haja autenticidade e saber.

Este livro pretende abrir a discussão sobre o tema Composição em Música Popular e deverá servir como guia no aprendizado da composição para aqueles de que dele necessitarem. Servirá para análise e reflexão sobre os vários estilos e seus compositores com suas formas de encarar o ato da criação musical/literária. Não há tendência à preferência por este ou aquele estilo. Pretendemos incentivar o leitor a contribuir, opinar, escolher seus exemplos de acordo com seu conhecimento e gosto musicais.

Apresentamos dicas e a experiência sobre o processo criativo de alguns autores, exclusivamente os brasileiros, e somente os que nos vieram à memória durante essa pesquisa. Não pretendemos ensinar música nem literatura. Não iremos fazer uma profunda análise musical ou literária. Caberá ao estudante fazê-la a partir das dicas, técnicas musicais e comentários aqui apresentados. O universo da criação musical é imenso e, por que não dizer, infinito.

Nosso intuito é incentivar a pesquisa sobre os diversos temas através de exercícios e práticas sugeridos e, até mesmo, satisfazer a curiosidade de alguns.

Devido à riqueza de nosso cancioneiro, fica impossível apresentarmos mais do que somente alguns exemplos, sendo que deverá ser tarefa do leitor (estudante) pesquisar mais profundamente conforme seu interesse e necessidade. Procurando pesquisar em várias outras fontes, muito poderá ser aprendido, já que, em comparação com o que possa existir, apresentamos bem pouco.

Tampouco é nosso intuito criar ou reescrever uma história da música popular brasileira, apesar de um inevitável confronto, mas sim mostrar as diferentes formas usadas por <u>alguns</u> compositores para trabalhar. Citaremos também exemplos do passado, sempre com a intenção de esclarecer quanto ao processo de compor. Que nos desculpem alguns pesquisadores por omitirmos nomes, experiências e exemplos infindáveis.

O sucesso

Todo compositor precisa, para se projetar, de um grande sucesso, seja um sucesso popular ou até mesmo dentro de uma classe de pessoas, de artistas. Composições como *Alagados, Chega de saudade, Arrastão, Mas que nada, A banda, Travessia,* só para citar algumas, serviram de "pontapé inicial" para que seus autores se projetassem.

Todavia, existem compositores que, apesar de terem feito um ou dois grandes sucessos, não conseguiram se firmar na carreira. Se o leitor pensar um pouco, encontrará vários nomes que exemplificam o que acabamos de colocar.

No início do século eram as partituras. Depois, com o advento do rádio e do disco magnético, a forma de promover a canção foi se ampliando. Hoje há os clips e até a multimídia.

Durante a década de 1960, por exemplo, ainda era comum as rádios anunciarem os autores após a execução de cada música. Isso promovia os autores. Depois, principalmente quando os autores viraram intérpretes de suas obras, adicionando-se o fato de que as rádios precisavam cada vez mais "faturar" através dos comerciais, não se anunciou mais os autores: aquele velho chavão *"time is money"*. Os cantores, de certa forma, passaram a ofuscar os compositores, pelo menos no que diz respeito a terem seus nomes divulgados.

Havia os festivais que sempre foram, desde a década de 1930, uma tradição não só para músicas de Carnaval como para as de meio de ano e que projetaram, no mínimo, grande parte dos ídolos da MPB que estão aí até hoje. Os festivais premiavam, acima de tudo, os compositores.

Hoje em dia, a questão está bem mais na base da novela das sete ou das oito, ou então do jabá, que, todos sabemos, corre solto e em toda parte...

Existe ainda a possibilidade de se promover uma canção em muito menor escala, através da produção independente. Algumas vezes essa modalidade de produção pode abrir mercado para intérpretes e compositores. E assim foi com a música instrumental recuperada na década de 1980, bem como com grande parte do movimento Rock Brasil na mesma década.

A moda ainda comanda a produção e, quer queira ou não, o esquema multinacional está à frente de tudo. Quantas modas vieram e passaram...? Quem ficou? Quem está aí até hoje?

Música erudita, música popular e música folclórica

É importante que saibamos distingui-las entre si. Não que uma área não invada a outra. Mas pelo que cada tipo apresenta como características.

Para muitos estas são as definições:

Música erudita: É a criação que nasceu da elaboração intelectual de quem, possuindo qualidades intrinsecamente artísticas, foi levado à composição graças a sérios e profundos estudos de música. Seus criadores são considerados possuidores de privilégios como a emoção e sensibilidade, e iniciados nos fundamentos da chamada "ciência da música". É elaborada a partir de formas preestabelecidas. Muitas vezes são os temas folclóricos que podem servir de ponto de partida para essa criação formal. Villa-Lobos, Guerra Peixe e Béla Bartók são exemplos dos que utilizaram temas folclóricos em suas composições eruditas. É comum encontrarmos grande influência da música erudita na popular, seja na harmonia ou mesmo no tratamento melódico (Tom Jobim, Edu Lobo, entre outros).

Música popular: É a obra criada dentro de uma técnica aperfeiçoada e transmitida pelos meios comuns de divulgação. Seus compositores em geral não fizeram estudos necessários para efetivar a dita "obra de arte", o que por outro lado a torna espontânea e popular em seu sentido amplo. Alguns dos seus elementos são tomados de empréstimo seja da música erudita ou da folclórica. É aquela que se mantém na alma popular e está presente em quase todos os momentos de nossa vida, seja no rádio, na televisão ou na boca do povo. No passado, os músicos e poetas populares eram malvistos pela sociedade. Muitos eram analfabetos, pobres e morriam na miséria. Hoje, a música popular se tornou também um meio de vida para muitos. Encontramos artistas que desfrutam de uma boa posição econômica. Por outro lado, a música popular foi conquistando os integrantes das classes média e alta, o que trouxe mais técnica, erudição e respeito. Atualmente, na maioria dos países, representa os sentimentos da coletividade, até mesmo pela sua rápida capacidade de comunicação, o que nos faz associá-la às mais diversas situações.

Música folclórica: É composta por danças e peças musicais (melodias com letras) criadas por autores desconhecidos ou aceitas coletivamente no meio do povo, possuindo um caráter regional distinto e mantendo-se por transmissão via oral, preferencialmente, transformando-se, variando ou apresentando aspectos típicos. É também de grande riqueza e pode servir como fonte de inspiração tanto para a música popular quanto para a erudita. Em certos momentos confunde-se com a música popular: *Peixinhos do mar*, uma cantiga de marujada, com adaptação e arranjo de Tavinho Moura e sucesso na voz de Milton Nascimento, ou *Quadras de roda*, de autoria de Ivan Lins e Vitor Martins, são bons exemplos.

Em nosso estudo vamos tratar da música popular principalmente como *canção* (o conjunto formado por música e letra). Faremos também algumas considerações sobre a música instrumental, já que esta pode situar-se como música popular, ou na fronteira entre a popular, o jazz e a erudita.

Através da canção, vários grandes artistas emocionam as pessoas, o que também torna sua obra imortal.

Canção e composição

Aproveitamos a oportunidade para determinar a diferença entre canção e composição no sentido em que são tratadas em vários países. Há uma diferença entre *composition*, que pode ser música erudita, trilha sonora para um filme, por exemplo, e *song* (*canção*), que trataremos no nosso estudo ainda sob o mesmo nome (*composição*), que no Brasil infelizmente não apresenta diferença quanto ao nome, causando por vezes certa confusão.

Uma boa prática é ouvirmos músicas nas diferentes categorias acima e sabermos distinguir entre uma e outra, mesmo quando houver "fusão".

Há ainda a confusão causada pela palavra *música*, que pode ser o conjunto de música e letra, ou a música separada desta última. Alguns, erradamente, chamam de melodistas os que compõem a parte musical de uma canção. Ora, e a harmonia, onde fica?

Outra confusão que se faz é quanto aos termos *autor* e *compositor*. Compositor seria o que faz a parte musical e autor, o que escreve a letra. Mas ambos se consideram compositores, bem como autores.

Como chegar a ser compositor

Tendo em vista o antigo conceito de que compositor era vagabundo e acabava na miséria, muitos compositores tinham que enfrentar grandes obstáculos no passado, como Geraldo Pereira, Sinhô e outros. Poucos, como Catulo da Paixão Cearense ou Braguinha, vinham de uma classe mais abastada. Ari Barroso quase não se formou em Direito. Gastou a "grana" que trouxe de Ubá e se tornou pianista de porta de cinema e compositor. Teria sido uma vergonha não ter se formado... Quem diria que o compositor que projetou o Brasil musicalmente no mundo com *Aquarela do Brasil* teria que passar por tanta pressão psicológica?

Hoje em dia, mesmo ainda sendo de certa forma explorados, alguns compositores desfrutam de boa situação econômica. O advento da Bossa Nova, trazendo consigo as classes média e média/alta para tal profissão, contribuiu para que a coisa mudasse um pouco de figura.

Sendo assim, poetas e músicos lançaram-se à tarefa de produzir suas músicas de várias maneiras. Por exemplo, Gilberto Gil era publicitário, virou "jinglista" e daí tornou-se compositor de canções. Tom Jobim largou a Faculdade de Arquitetura para ser músico, arranjador e compositor. Chico Buarque desde os oito anos de idade já compunha sambas no estilo carnavalesco, mas freqüentou a FAU em São Paulo. São muitos os exemplos.

Capítulo I
O INÍCIO/ASPECTO GERAL

Ponto de partida

Podemos partir de diferentes pontos:

1) <u>Um conteúdo, um formato, um estilo, um sentido (preestabelecido ou não).</u>

Consideremos como conteúdo preestabelecido quando partirmos de uma idéia, de um "clima", de uma estética de acordo com um(a) cantor(a), um filme, uma novela, um sentimento, um personagem, uma homenagem, uma dor, uma imagem, um pensamento qualquer ou mesmo um estilo musical.

2) <u>Começamos esboçando alguns acordes no instrumento, uma "levada" de bateria ou baixo/bateria/teclado, ou mesmo uns versos até que chegamos a algum resultado.</u>

O estado de espírito em que nos encontramos poderá determinar o caminho.

Neste caso, começamos a compor sem saber "aonde vamos chegar" e, só depois de ensaios e tentativas, chegamos a uma canção ou até mesmo a um tema instrumental.

Conteúdo ou sentido em composição é como destilar o que vai se dizer. Quanto mais dentro dele estivermos, mais profissional poderá ser a música.

Vamos considerar que você queira fazer uma canção romântica. Ao compor, é importante saber (perceber), por exemplo, que tipo de romantismo você quer passar: um romantismo paternal (*Pai*, de Fábio Jr.), um romantismo em relação a uma cidade (*Copacabana*, de Alberto Ribeiro e Braguinha), o amor a um deus ou a uma futura namorada ideal (*Minha namorada*, de Lyra e Vinicius) ou até mesmo um elogio a uma grande mulher (*Garota de Ipanema*).

Considerando-se que você escolheu a idéia de dois adultos apaixonados, você ainda pode especificar bastante. Será sobre um amor atual, passado (fossa/dor-de-cotovelo) ou um futuro amor? A partir do momento em que você estabeleceu a idéia, deverá entrar literal e musicalmente no "clima" que deseja. Por exemplo: Quais as características (idade, background cultural) dos personagens, do cantor, enfim, da configuração toda que envolve aquela situação? A partir daí fica mais fácil definirmos o estilo da composição em geral. Podemos encaminhá-la para uma Modinha, uma Balada romântica ou um Samba. Quem sabe, para um Rock ou um Pop?

Esses conceitos podem também aplicar-se à criação de um tema instrumental, compor para um livro didático, um disco, uma peça de teatro, um filme etc.

E os grandes musicais brasileiros? Quantas lindas canções surgiram a partir deles? O *Teatro Musical Brasileiro*, com Chiquinha Gonzaga, Sinhô e tantos outros de um passado distante ou próximo. *Orfeu da Conceição*, de Tom e Vinicius, ou *O grande circo místico*, de Edu e Chico? Os conteúdos preestabelecidos aplicam-se a canções encomendadas ou determinadas para diferentes situações: rural ou urbana, estilo do passado ou do presente, Pop ou MPB, sofisticada ou "brega", mulher, dor-de-cotovelo, evento, jingle, protesto e tantas outras possibilidades. Há casos em que, durante a criação de um trabalho encomendado, os compositores, para descansar ou variar, criam músicas novas, como Tom e Vinicius, que, contratados para escrever a *Sinfonia de Brasilia*, num dos intervalos da criação compuseram *Água de beber*.

Imagine-se compondo um tipo de canção que descreva o amado ou a amada.

Em canções cujo título é o nome de uma mulher, como *Lígia*, de Tom e Chico. Por que o nome? Será este o nome real do personagem? Às vezes chegamos ao final da música, como no caso acima, sem saber quem exatamente é Lígia. Pode ser um amor camuflado, simplesmente imaginação. "O que será, que será?" Já prestou atenção a algumas letras do Renato Russo? Sentidos que nem o próprio sabia explicar? Quem ouve, às vezes, tem uma interpretação que não coincide com o non-sense do autor. Como surgiu a idéia? O que os poetas/letristas não inventam? Quantas imagens? Quanta emoção...?

E os títulos das músicas instrumentais? É uma questão a se considerar. Que imagens podem sugerir tais títulos? Vale a pena observá-los nas contracapas dos discos.

Um aspecto curioso do passado era o fato das canções serem dedicadas a um amigo, uma musa, uma personalidade. Nessa época, quando ainda não havia os discos fonográficos e suas capas, as partituras vinham às vezes com ilustrações gráficas.

Muitas canções especificam um aspecto qualquer. Às vezes, para se conseguir isto gastam-se horas, mas existem compositores que conseguem conceber uma música ou letra em poucas horas e até em alguns minutos. Às vezes, no entanto, foram desenvolvendo uma idéia por longo tempo. Trata-se do tempo de amadurecimento de uma idéia. Em outras, "encostam" composições inacabadas e podem, mais tarde, retomá-las. *João Valentão*, de Dorival Caymmi, por exemplo, levou anos para ser finalizada, e, de repente, numa viagem de ônibus com o violão, ...pronta. Algumas chegam a ficar prontas, mas numa espécie de "fila de espera" aguardam o momento de serem gravadas até anos depois. Há ainda o caso de canções que, mesmo tendo sido gravadas, passam despercebidas, só "acontecendo" anos mais tarde, como foi o caso de *W Brasil* de Jorge Benjor. Mas, "trabalhar sob pressão" ou encomenda é, sem dúvida, producente. Isso é ratificado por muitos compositores. Edu e

Chico ou mesmo Tom e Vinicius compuseram trilhas para balé e teatro sob pressão, com tempo para entregar tudo pronto, e saíram músicas maravilhosas, como *Beatriz* ou *A felicidade*. Às vezes, o compositor ainda faz muitos retoques em sua obra até dar a mesma por finalizada. Isso é regra geral. Compor é arrumar idéias e inspiração. Música e letra.

É importante lembrar que uma canção pode significar uma situação específica. A menos que seja música incidental, suas características específicas são bem colocadas e claras. Estreitando-se bem o assunto consegue-se dar uma impressão fotográfica que pode fazer os personagens sobre quem você escreve, bem nítidos.

Há também o caso em que simplesmente uma palavra ou um acorde, uma levada, como tanto faz o pessoal do Pop Rock, ou até mesmo uma célula melódica (estudaremos adiante) pode ser o início de tudo. Aqui vai uma descrição feita pelo próprio Caetano Veloso de como nasceu *Alegria, alegria*:

"...Às vezes posso me emocionar com uma coisa e penso: Vou fazer uma música sobre isso, sobre um cara andando numa cidade grande, vendo revistas, vendo as coisas. Pensei nisto. Depois fui escolhendo os elementos que compõem essa coisa. Fui pensando em alguns elementos da letra que dessem bem a imagem do assunto que queria tratar, fui pensando na música como um tema alegre, do cara andando na rua e vendo as coisas, revistas coloridas, Copacabana, uma música que fosse alegre e estivesse habitada por um som atual, um som meio elétrico, meio beat, meio pop, como o que a letra dizia, que era a coisa atual da revista, foto de Claudia Cardinale, guerras, toda a festa do mundo moderno, festa estranha... Pensei no assunto, fui pra casa, pensando na rua. Cheguei em casa e comecei a pensar na letra. À noite fiquei fazendo até de madrugada. Aí fiz a melodia toda e a primeira parte da letra. No outro dia, fiz a segunda."

O compositor acorda e vai para o violão ou piano e começa a tocar. Vai desenhando linhas musicais. Liga para o parceiro às nove da manhã ou às três da madrugada e cantarola a música pelo telefone. Enquanto este vai direto para a casa do outro, surge uma palavra ou uma frase que se encaixa (pelo menos naquele momento) e a partir daquele som começa a vir uma idéia para aquela letra. Nasce uma canção a partir do nada, ou melhor, da simples inspiração. Há ainda os encontros entre parceiros em que se começa a tocar, escreve-se uma frase ou uma idéia e a composição vem simplesmente brotando. Assim nasceram muitas parcerias de Tom e Newton Mendonça. Isso é apenas mais uma das formas de se criar.

Aspecto musical - O domínio dos estilos

Além de idéias, é fundamental para o compositor o domínio do estilo em que se vai compor. Se for uma Bossa, um Pop, um tema de Jazz, um Rock rural ou qualquer outro estilo, é importante:

1) Conhecer muito sobre o estilo. (Conhecer seus caminhos poéticos e musicais típicos). Conhecer suas "levadas", suas harmonias e seus caminhos melódicos. Conhecer sua sonoridade, enfim, identificar-se, vivenciar, ser parte do mesmo. A técnica, porém, faz com que possamos nos aproximar bastante desse ou daquele estilo em pouco tempo.

2) Se quisermos compor para um determinado cantor, devemos escutar muitos discos daquele cantor para saber o estilo com o qual se identifica. Às vezes, porém, é o cantor que se identifica com um compositor, e aí, então, procura-o, pedindo uma música para seu próximo disco. O fato de encontrarmos discos de um cantor interpretando somente um compositor, ou uma parceria musical, facilita a produção e a divulgação, viabilizando mais o produto.

3) Fazendo pesquisa sobre melodia, harmonia e uma análise correta, que é essencial, fica tudo mais fácil. Analisamos forma, seqüências harmônicas e gravações típicas.

Podemos dominar um estilo intuitivamente, simplesmente porque nos identificamos com o mesmo. Essa é a maneira mais intuitiva pela qual grandes compositores (como sambistas, rurais e mesmo outros) criam canções maravilhosas. Mas, com musicalidade e técnica, facilmente entramos naquele estilo a partir das dicas acima. Estilos são muitos, como já dissemos, e cada qual com sua beleza. Não devemos nos esquecer da questão da versatilidade. Há ainda a frase: *Vou fazer uma canção para fulano ou sicrano* (cantores).

Hoje em dia, por estarmos passando a limpo musicalmente o século (intérpretes de sucesso garimpando e resgatando de tudo), há uma barreira de gerações muito menor. É comum encontrarmos músicas de estilo híbrido: Samba-funk, por exemplo. Ou uma Bossa abolerada e ainda um Choro eletrificado. Um estilo se mistura ao outro.

As experiências de Lobão com Ivo Meirelles, Arnaldo Antunes, Marina com sua Bossa Pop ou Pop Bossa.

Todo compositor sofre influências, e isso é inegável e saudável. Podemos constatar pela observação ou mesmo através de depoimentos dos próprios. Tom Jobim sofreu grande influência de Villa-Lobos; Roberto e Erasmo, de Elvis e Little Richards, além de grandes compositores de Bolero dos anos 50; Caetano e Gil confessam a influência que tiveram de João Gilberto, entre outros; Cazuza, de Janis Joplin, Cartola, Dalva de Oliveira e do Blues, e assim por diante.

Aspecto poético - A letra de música

É importante considerar que nem todo poeta é letrista e vice-versa, ou seja, nem todas as letras funcionam como poesia. A letra tem que ser musical. A poesia, nem sempre. Existem canções onde a poesia toma o papel principal e, às vezes, mesmo sendo uma bela poesia, não proporciona um resultado final tão musical. Não é à toa que os grandes letristas como Vinicius geralmente tocam no mínimo um "violãozinho", ou até mesmo constroem belas melodias. O letrista tem que ser um pouco músico. Isso ajuda a captar o clima da melodia. Se pesquisarmos a história da música popular no Brasil encontraremos vários casos.

A letra de música no Brasil, assim como a canção, passou a evoluir efetivamente a partir dos anos 30. Noel Rosa pode ser considerado como o grande marco desta mudança. Antes havia as modinhas, as serestas, o lundu, a música instrumental (maxixes, polcas etc.) e alguns poetas da escola parnasiana, como Catulo da Paixão Cearense, que faziam letras para a música instrumental.

Letra tem que ter ritmo e sonoridade. Tem que estar entrosada com a música. Há a questão da prosódia. Há falhas neste aspecto específico encontradas até em trabalhos de grandes letristas. Por isso muitos compositores (melodistas), ao trabalhar com seus parceiros, cantarolam letras esboçadas para facilitar o entrosamento com a letra definitiva e a melodia. É muito comum o letrista que trabalha com a melodia já pronta ficar cantarolando até que identifique um trecho da mesma com uma palavra e aí pode desencadear todo o processo criativo. Um exemplo de casamento perfeito de sonoridade/clima entre música e letra é *Deixa*, de Baden e Vinicius.

Situar-se no tempo, no clima da música, do personagem, do assunto, seja uma canção encomendada ou não, é fundamental.

São tantos os caminhos e idéias que vale a pena lermos o que vem adiante.

A influência literária

É importante levantarmos a discussão sobre este assunto, a sua importância, mesmo sabendo que grande parte de nossos compositores nunca leu um livro. Neste caso, o talento e a autenticidade brilham acima de tudo. Letristas declaram quem são seus escritores favoritos, suas influências, como Cazuza, que declarou ter lido muito William Blake ou Clarice Lispector (*A descoberta do mundo*). Já Jobim lia Guimarães Rosa; Renato Russo, Fernando Pessoa. O que será que lêem os bons sambistas e os reais partideiros ou pagodeiros? Compositores geniais como Martinho da Vila ou Zeca Pagodinho?

Tipos de canções

Podemos dividir a canção em algumas modalidades. No entanto devemos considerar que, hoje em dia, devido à fusão de estilos, há às vezes certa dificuldade em separar um tipo de outro. Vejamos algumas divisões de estilos (tipos de canções):

Quanto ao estilo musical:
Podem ser:
Samba
Bossa Nova
Valsa
Rock
Pop
Bolero
Pagode
Carnaval (marchas e sambas)
Frevo
Swing etc...

Quanto aos assuntos:
Contando uma história: *Lobo bobo*, de Lyra e Vinicius
Adaptação de tema folclórico ou outro: *Quadras de roda*, de Lins e Martins
Versão ou adaptação: *Bem que se quis*, com letra de Nelson Mota para a canção italiana que foi um sucesso e projetou definitivamente a cantora Marisa Monte
Descritiva:
a) personagem: *Menino do Rio*, de Caetano
b) lugar: algumas canções praieiras de Caymmi
c) situação: *Festa de arromba*, de Roberto e Erasmo
Auto-retrato: *Itapuã*, de Caetano, ou *Samba da bênção*, de Baden e Vinicius
Resposta: *Dom de iludir*, de Caetano, para *Pra que mentir*, de Noel Rosa
Mensagem social: várias de Chico Buarque ou de Gil
Comemoração: *Dois de Fevereiro*, de Caymmi, comemorando o Dia de Iemanjá
Patriótica/bairrista: *Aquarela do Brasil*, de Ari Barroso, *Feitiço da Vila*, de Vadico e Noel Rosa.
Festejo: canções de festas juninas
Non-sense: várias de alguns grupos de Rock (Titãs) ou Walter Franco
Hino: *Cidade maravilhosa*, de André Filho, ou os hinos compostos para os clubes de futebol. E *Tema da vitória*, o hino do Senna (Ayrton Senna), de Eduardo Souto Neto.
Mística: *Se eu quiser falar com Deus*, de Gilberto Gil. Pode ser também a homenagem a um santo ou a uma entidade, como São Jorge, ou ainda *Ave-maria no morro*, de Herivelto Martins, Nossa Senhora de Aparecida evocada por Renato Teixeira.
Esperança: *Aos nossos filhos*, de Ivan Lins e Vitor Martins, ou *Amanhã*, de Guilherme Arantes
Machistas: *Emília*, de Wilson Baptista e Haroldo Lobo, ou *Amélia*, de Ataulfo Alves
Feminista: *Maria moita*, de Carlos Lyra e Vinicius
Homenagem:
a) a algum lugar: *Bahia*, de Ari Barroso
b) a alguém: *Meu amigo Radamés*, de Tom Jobim, ou *Um abraço no Bonfá*, de João Gilberto
Amor: *Eu preciso dizer que te amo*, de Cazuza, e muito mais...

Exercício: Descreva outros tipos. Aponte exemplos com os tipos de canções acima e os que você descobriu.

O que vem primeiro: melodia ou letra?

Pode ser de qualquer uma das maneiras. Mesmo compositores que fazem as duas coisas gostam de primeiramente ter a idéia sobre a qual vão escrever. Em seguida, a essência da canção. Muitas vezes o resultado desse conceito vem até mesmo a ser o título. Aquela frase essencial é então criada, e aí vai-se escrevendo música e letra. Existem inúmeras canções que foram criadas assim. Uns usam o violão (Marina, sambistas, enfim, a maioria), outros, o piano (Luis Reis, parceiro de Haroldo Barbosa). Para alguns, tanto faz. E há ainda os que usam até uma caixinha de fósforos.

Às vezes uma frase musical ou mesmo uma palavra desencadeia todo o processo criativo. Encontramos casos em que uma "levada rítmica" pode ser o fundamental. É o caso de alguns compositores como Ritchie ou grupos no estilo Pop. Outro aspecto é que às vezes a parte repetida de uma música (por exemplo, a primeira parte) não apresenta métrica cem por cento igual como acontece em muitas canções de Noel, ou em *Valsinha*, de Chico Buarque. Existem pequenas variações, mas isso não irá atrapalhar, contanto que haja consistência e unidade.

Na verdade existem inúmeras formas de se criar música, letra ou música/letra que podemos ver colocadas a partir de depoimentos de alguns compositores. Caetano, por exemplo, quando compõe sozinho música e letra, se alguma se adianta, é a música.

Há parceiros que trabalham juntos (Tom adorava). Há os que gostam de fazer letra para uma música pronta (Chico) e vice-versa, o que é mais raro. Ajustes devem ser considerados, principalmente quando a letra vem antes, como muitas vezes Cazuza fazia. Às vezes uma música ganha, fica melhor, depois da letra pronta. Outras, acontece o contrário. Existem casos em que os dois (parceiros) são melodistas e letristas e cada um cria uma parte da canção, fato muito comum entre os sambistas. Caetano, quando em parceria, em geral, escreve a letra depois da melodia. Há os que preferencialmente não usam parceiros, como Jorge Benjor, Tim Maia ou Djavan.

De todo modo é triste esquecer uma frase bonita ou mais ainda uma canção por inteiro.

Também a se considerar a importância da tecnologia, com o gravador, fax, computador etc.

É importante assinalar que cada compositor/letrista tem sua forma preferida de trabalhar. É comum um perguntar ao outro (parceiro): "Como você prefere trabalhar? Primeiro a música, ou a letra? Que tal compormos juntos?"

Parceria

Quem se apresenta primeiro: o compositor ou o letrista?

Há diversos exemplos de como os parceiros se conheceram: Vadico foi apresentado a Noel Rosa por Eduardo Souto; Tom foi apresentado a Vinicius por Lucio Rangel, e a Chico Buarque, por Vinicius. Carlos Lyra se apresentou a Vinicius pelo telefone e em seguida nasceram oito músicas, só para começar.

Cada parceria é diferente. Podemos perguntar a vários parceiros ilustres e veremos que cada caso é um caso. Existem parcerias tríplices (três compositores para uma canção), como *Gente humilde*, de Garoto, Chico e Vinicius, e parcerias múltiplas, encontradas em grupos, principalmente os de Samba ou Rock. Há também versões ou adaptações *Tá chegando a hora*, adaptação de *Cielito lindo*, "Quem parte leva saudades de alguém..." (traduções ou não) e até parcerias póstumas, como no caso de Carlos Lyra com Dolores Duran (*O negócio é amar*), ou Fagner com Cecilia Meirelles (*Canteiros*). *Rancho das flores* foi uma letra composta por Vinicius para *Jesus, alegria dos homens*, de J.S. Bach.

Há as parcerias compradas, fato muito comum no passado em que compositores como

Ismael Silva, por exemplo, segundo os historiadores, vendia muita parceria a Francisco Alves, e, apesar de ter lucrado por um lado, foi também vítima. Existem as parcerias de prestígio: compositores que davam parcerias a personalidades importantes em troca de prestígio. Isso ainda acontece, em certos casos, com alguns diretores de gravadoras e até mesmo, acredite se quiser, programadores de estações de rádio.

Quando a parceria faz sucesso torna-se muitas vezes duradoura, e é comum que os parceiros se encontrem bastante e mantenham contato para discutir sobre novas canções e tudo o mais. A identificação mútua é de grande importância.

Muitos gostam de trabalhar separadamente: é o caso de Chico Buarque, que se tranca no seu escritório e trabalha até alta madrugada. Outros preferem criar juntos, principalmente na melodia (Tom e Newton Mendonça criaram muitos sucessos como *Meditação*, *Samba de uma nota só* ou *Desafinado*, dessa forma). No primeiro caso é comum que, quando se encontram para mostrar o que fizeram, pequenos ajustes sejam efetuados. É importantíssimo um perfeito entrosamento entre os dois. Roberto e Erasmo, muitos sabem, assinam sempre como parceiros, mas nem todas as músicas são dos dois.

Você sabia que existe até ciúmes entre parceiros?

Enfim, as parcerias, quando se tornam célebres e de muito sucesso, fazem com que fique difícil dissociar um nome do outro: Haroldo Barbosa e Luis Reis, Ivan Lins e Vitor Martins, Luis Gonzaga e Humberto Teixeira, Vadico e Noel Rosa, ou Roberto Carlos e Erasmo Carlos, por exemplo.

Encontrando o parceiro ideal

Não é fácil encontrarmos o parceiro ideal. É quase como um casamento.

Às vezes uma boa letra enriquece a melodia. Outras vezes acontece o inverso. E, aí, o que fazer? Aqui vale um conselho: seja sincero com o(a) parceiro(a)!

Para um bom resultado entre os parceiros é necessário: empatia, personalidade, modo de trabalhar, não morarem muito longe, dedicação ao trabalho, pontos de vista parecidos e, acima de tudo, amizade. Vinicius logo se tornava amigo de seus parceiros. Há um longo caminho até se achar um parceiro ideal. Infelizmente, às vezes nunca encontramos.

Nos EUA chegam até a contatar-se através de Sociedade de Autores, colocando anúncio em revistas, procurando na lista telefônica etc. Aqui, esse tipo de contato não funciona muito. Há o papo no bar, na esquina, na rua...

É importante que cada um (compositor e letrista) aprove o trabalho do outro antes de dar como pronta uma música. ISSO É ESSENCIAL. Você teria coragem de dizer a seu parceiro que a letra que ele apresentou não está boa? Ou, no caso do letrista, dizer ao parceiro que a melodia não está combinando com a letra? Há casos, como o de *Garota de Ipanema*, em que foram feitas várias tentativas até que se chegasse a um resultado ideal. E que resultado?!!! Por outro lado, canções ficam encostadas *ad eternum* pelo motivo acima...

Canções que foram marco de um estilo ou outro

Cada movimento musical teve músicas que iniciaram e foram o ponto de partida para um determinado estilo, uma determinada época. Por exemplo: *Chega de saudade* inaugurou a Bossa Nova, *I Wanna Hold Your Hand*, além de ter lançado os Beatles, foi o marco de uma nova era na música Pop, com grande influência na música brasileira, e *Alegria, alegria* iniciou o Tropicalismo.

Treinamento

Nunca é demais. Infelizmente quase não existem escolas que ensinam composição. Para os compositores, conhecer música, estudar música (harmonia, composição etc.), ajuda muito. Isso foi inclusive declarado por Marina Lima. Tom Jobim herdou muito da sua elaboração de compositores eruditos como Villa-Lobos. Para os letristas, quanto mais cultura, no sentido amplo, conhecimento de literatura, teatro, cinema etc., como declarou Herbert Vianna, melhor. No entanto, mais uma vez vale lembrar que existem musicas belíssimas feitas por gente que nunca estudou nada disso. É uma questão do background cultural de cada um.

Ouvir rádio, por que não? Caetano sempre declara que adora ouvir rádio. Ouça de tudo!

Com bastante treinamento e, por conseguinte, técnica, uma música pode ficar prontinha em poucas horas ou até em minutos. Herbert Vianna conta que ficou impressionado como Gil fez uma letra para *A novidade*, uma parceria sua, em pouquíssimas horas. *Triste*, segundo Paulinho Jobim, filho de Tom, foi composta em Los Angeles pelo pai, enquanto o filho saiu para um passeio à Disneylândia.

Equipamento

Não há hoje em dia nada tão importante para os compositores quanto um gravador. Antigamente não havia esse conforto. Quem não soubesse escrever música, pedia a um "maestro" ou simplesmente colocava em risco sua criação. Noel Rosa escreveu a letra de *O x do problema*, um de seus grandes sucessos, num maço de cigarros. Muitas canções certamente ficaram esquecidas. Dizem que Nelson Cavaquinho assim esqueceu (perdeu) boa parte de sua obra. Sumiram assim como vieram. É de dar inveja como alguns privilegiados sambistas, mesmo hoje em dia, conseguem guardar tudo na memória. Com a concorrência, as fitas "demo" têm sido apresentadas a cada vez de maneira mais sofisticada. Podemos também dispor de papel de música, um bom microfone, um reverber, boas fitas cassetes, organização em pastas, discos ou livros para referência. Mas isso não é tudo! O resto, o principal, é inspiração e trabalho dedicado. Talento é fundamental. Tranqüilidade e concentração são também elementos extras.

O compositor deveria ser uma pessoa organizada (ao menos um dos parceiros) para, no mínimo, não perder suas fitas cassetes, suas letras e seus contratos. Tenhamos um pouco os pés no chão! Compositores como Chico Buarque trabalham simplesmente com papel e caneta esferográfica. Outros, como Marina, gostam de usar gravadores sofisticados, como os de quatro canais. Assim podem ter uma idéia mais aproximada do resultado final.

Capítulo II
FORMA

Falar sobre forma em música popular não é tampouco tarefa simples, já que são inúmeras as possibilidades. Compositores geniais compõem sem seguir critério algum e apresentam a cada dia formas as mais inusitadas, ou até formas não analisáveis. O resultado pode ser excelente. Como podemos enquadrar a forma de certas composições de Jorge Ben, de Caetano, de Gil ou mesmo as de tantos grupos de Pop/Rock? Como colocamos no início, a música clássica, em contraposição, é de certa maneira condicionada pela forma, o que a torna facilmente analisável.

No entanto, não podemos nos esquecer de que mesmo muitos dos compositores que trabalham só com a intuição e que não têm nenhum estudo de música criam muitas vezes canções em formatos-padrão do tipo AABA, por exemplo.

Com o conhecimento adquirido aqui, o aluno poderá entretanto analisar as formas mais diversas encontradas em música popular. Se não conseguir, um conselho: deixe isso pra lá...

Portanto, abordaremos somente as formas mais tradicionais.

As diferentes partes de uma música

A - primeira parte de uma canção. É muito comum encontrarmos pequenas diferenças entre as repetições de A. Para tanto costuma-se denominar A1, A2, A3.

B (bridge) - segunda parte. Pode ser também uma preparação para a volta ao A.

É importante o contraste entre A e B (bridge/segunda parte) tanto na música quanto na letra.

Formato AABA

Eis um formato completo de canção usando AABA:

Garota de Ipanema

A1

A2

B

A3

A1 é a primeira parte onde se apresenta o tema inicial. É a hora de se "vender o peixe".

Normalmente o A2 apresenta grande semelhança em relação ao A1 e prepara para a segunda parte (B).

A Bridge (parte B) deve ser uma parte simples em que se sinta necessidade de se retornar à parte A. Normalmente as preparações acontecem através de preparação harmônica. Ver adiante em Harmonia.

A3 - Semelhante ao A1 e A2, mas deverá finalizar.

O formato AABA é um dos mais usados em música popular, tanto nacional quanto internacionalmente.

Outros exemplos com o formato AABA: *Samba de uma nota só*, de Tom e Newton Mendonça, *Risque*, de Ari Barroso.

Formato AAA: Apresenta somente uma parte, que se repete por mais duas vezes, mesmo com pequenas diferenças entre uma e outra. Um exemplo pode ser *Coisa mais linda*, de Lyra e Vinicius.

Formato AAB: *Teletema*, de Antonio Adolfo e Tibério Gaspar, *Meditação*, de Tom e Newton Mendonça, *Banho de espuma*, de Rita Lee e Roberto de Carvalho

Formato ABA: *O morro não tem vez*, de Tom e Vinicius.

Formato AABB

Ovelha negra, de Rita Lee e Roberto de Carvalho.

Formato AA

O barquinho, de Roberto Menescal e Ronaldo Boscoli, e *Doce vampiro*, de Rita Lee e Roberto de Carvalho.

Formato ABB

Travessia, de Milton e Fernando Brandt, *Berimbau*, de Baden e Vinicius.

Parte **C** - é a terceira parte ou Trio, ou, ainda, Chorus/Refrão (como veremos adiante). É, de certa forma, usada.

Formato ABAC

Canções construídas no formato A1, B, A2 e C. Vão desde o Choro até mesmo as de estilo Pop (Verse, Bridge, Chorus). Só que neste caso apresenta algumas particularidades como veremos adiante (estilos).

Exemplo com música no formato ABAC: *Bambino*, de Ernesto Nazareth e Catulo

Há ainda muitas possibilidades no que diz respeito à forma:

É importante mais uma vez deixar claro que o(s) compositor(es) pode(m) criar a partir de uma forma preestabelecida ou simplesmente criar o seu formato.

Exercício: Detectar diferentes formatos em diferentes canções.

As diferentes partes (continuação)
Introdução

É muito usada. Às vezes passa a ser parte integrante da música com letra. É o caso de, por exemplo, *Olê, olá*, de Chico Buarque, *Mas que nada*, de Jorge Ben, ou ainda *Desafinado*, de Tom Jobim e Newton Mendonça. Muitas introduções célebres são criadas pelos arranjadores, como a de *Aquarela do Brasil*, que foi criada por Radamés Gnatalli. Outras, pelo próprio compositor. Aliás, o arranjador exerce papel importantíssimo pois, muitas vezes, corrige harmonias, ritmo e até a própria melodia.

Eis alguns exemplos de introduções célebres: *Chega de saudade*, criada pelo próprio compositor, *Aquarela do Brasil*, criada pelo arranjador.

Coda

Vem do Latim "cauda". É uma parte adicionada à canção quando esta sente falta de uma finalização. Às vezes confunde-se com o refrão. No entanto é sempre a parte final.

Exemplo: *Manhã de carnaval*, de Luis Bonfá e Antonio Maria; "...Canta o meu coração..."

Trio

É usado em canções para dar certo equilíbrio e preencher o "quadro criativo". TRIO vem da época dos "minuetos" e "squerzos", pois a parte do meio dessas obras era tocada por três instrumentos, depois da qual voltava-se à primeira parte com todos tocando.

É muito encontrado em música popular do início do século, tanto no Brasil quanto em outros países, principalmente em música instrumental

Exemplos: Choros como *Apanhei-te, cavaquinho* de Ernesto Nazareth (terceira parte)

Não devemos confundi-lo com o Chorus, que normalmente atua como um refrão, repetindo-se.

Interlúdio

Hoje em dia costumamos chamar de interlúdio uma parte preparatória entre diferentes partes de uma música. O interlúdio é uma parte que difere das partes A e B.

Exemplo: *Canto de Ossanha*, de Baden e Vinicius, na parte em que diz: "...Vai, vai, vai Não vou, Vai, vai, vai, Não vou...", quando prepara para a parte B.

Extensão (rabicho ou finalização)

Apesar de ser mais uma parte harmônica (harmonia) do que melódica, deve ser mencionada, pois permite ao compositor esticar a música antes da sua conclusão.

Difere da coda por estar antes do final: *Anos dourados*, de Tom e Chico, no momento exato em que a letra diz: "...Dizer que te quero, teus beijos nunca mais...", para logo depois resolver: "...Teus beijos nunca mais...", *Ovelha negra*, de Rita Lee.

Geralmente a extensão é composta por quatro compassos. Mas pode ser maior ou menor. Alguns compositores gostam de usá-la com tamanho ainda maior. Atenção para não perder a continuidade! Não estamos falando de arranjo.

Formato americano (Verse, Bridge e Chorus)
Verse

É a parte inicial que normalmente antecede a Bridge ou o Chorus. É muito utilizada nas formas atuais de música Pop. Geralmente não é repetitiva. Até 1950, um verso (verso - não confundir com parte de uma estrofe) era um encaminhamento para o Chorus ou Refrão (coro - também não usamos esse termo no Brasil) e, se usado por um bom compositor, dava equilíbrio e unidade.

Hoje em dia é usado como início de uma canção antecedendo a Bridge e preparando para o Chorus (refrão):

De Sullivan e Massadas, sucesso na voz de Tim Maia:

"Eu preciso te falar
Te encontrar de qualquer jeito"...

E tem certas características:

1) tessitura mais baixa em relação ao Chorus.
2) algumas vezes usam-se mais palavras e mais notas por compasso.
3) se estático, deve dar um sentido de movimento.
4) acima de tudo, não deve ser tão "catchy" quanto o Chorus.

Bridge

Bridge no formato Pop, é uma segunda parte. Apresenta um certo crescendo em relação ao Verse. Geralmente é uma parte curta e que provoca uma volta ao Verse para então irmos para o Chorus. Mas às vezes encaminha-se direto:

"Já não dá mais pra brigar..."

Chorus

O Chorus é a parte final que se repete, que fica (refrão) na memória do ouvinte.
Exemplo:
"Faz de conta que ainda é cedo..."

Fade

Foi inventado nos anos 50 com o advento do rádio.

Consiste em gradualmente ir sumindo (abaixando o volume) no final de uma gravação. É uma parte mais relacionada ao arranjo do que à composição propriamente dita.

Muitas vezes não possui letra. Fica no "lá, lá, lá" ou coisa parecida.
Exemplo:
Mas que nada
"Ô, ô, ô, ô, ô, a riá a iô
Obá, obá, obá"

Exercício: Descubra exemplos de música conforme o explicado acima.

Capítulo III

MÚSICA

MELODIA

Ninguém é capaz de dizer o que é mais importante: música ou letra. O que existe, por exemplo, aqui no Brasil é encontrarmos compositores que tenham melhor desempenho numa ou noutra área, apesar de alguns dominarem as duas. Por exemplo, Jobim é mais músico do que letrista, mas tanto ele como Vinicius compuseram isoladamente grandes canções; Caetano e

Chico são melhores letristas? Djavan e Gil, o que você acha? Existem também os que só fazem um dos elementos. Por exemplo: Ivan Lins é só compositor e Vitor Martins, letrista (autor); Cazuza era mais letrista. Grupos de Rock ou Pop têm seu forte nas letras (algumas até mesmo beirando o estilo concretista como já mencionamos) e postura, sem falar em equipamento e decibéis. *Aqui vale lembrar que nem todo Rock é Pop e vice-versa. Há muita confusão a esse respeito. O Pop é mais "arrumadinho", mais comercial. Qualquer estilo pode se enquadrar no Pop, desde que tenha uma vestimenta mais comercial. Há até MPB Pop.* A melodia é o ponto de partida para Carlos Lyra, um dos maiores expoentes da Bossa Nova. Sinhô, grande compositor da década de 1920, afirmava: "O que é preciso é dar palavras à melodia."

A melodia para certos estilos, porém, aparece mais do que a letra, mesmo sendo uma o complemento da outra. Um Chorinho é quase só melodia. Poucos letristas se atrevem a letrar músicas naquele estilo. Catulo da Paixão e Chico Buarque, só para citar alguns, o fizeram.

A melodia contém alturas e ritmo. A respiração da melodia (pausas) é também muito importante.

Normalmente, a melodia com suas alturas e seu ritmo vêm juntos com a harmonia. A melodia é como o traço e a harmonia, uma espécie de vestimenta. Dá o colorido. É importante notar os diferentes tipos melódicos nos diferentes estilos. Compare um Choro com uma Balada Pop. Veremos adiante que certos compositores, todavia, criam belas melodias a partir de seqüências harmônicas. Ivan Lins é um deles.

Temos de considerar que uma música pode ter seu ritmo e sua harmonia transformados e transportar-se para uma outra época. Com a música (melodia, se preferirem) isso se torna mais fácil. Com a letra, já não é a mesma coisa.

Exercício: Faça uma pesquisa sobre melodistas e melodias. Enumere canções em que você destaca a melodia.

Princípios básicos para se criar uma melodia

Muitas belas canções são compostas, como já dissemos, por gente que não conhece música, não sabe ler nem tampouco escrever música. Por exemplo, dos Beatles, somente Paul McCartney sabia ler música. Basicamente, não é necessário "conhecer" música para ser um grande compositor: Milton Nascimento, assim como Gilberto Gil, criam músicas incríveis intuitivamente. No caso destes, houve um início de formação musical. Mas há a questão de ouvir. Esta é sempre importante desde que não impeça o desenvolvimento do estilo de cada um. Ultimamente, Marina tem dito que o estudo de música tem ajudado bastante no seu processo criativo. Afirma, inclusive, a importância para o compositor em saber ler música. E se você não tiver um gravador por perto e vier a inspiração? Existem compositores que andam com um minigravador cassete a tiracolo para essas situações. Ficaria mais fácil, porém, se soubesse escrever música. Podemos transformar até um guardanapo de papel em uma partitura ou numa letra. Pelo menos serve para não esquecermos o início de uma linha melódica. *Não faz mal a ninguém saber escrever música.* Pelo contrário, ajuda a organizá-la, a corrigir certas notas e muito mais, como a harmonia e até mesmo grandes trechos da linha melódica. Um dos segredos do sucesso de Jobim era vestir genialmente melodias simples. Já compositores como Guinga (que não sabe ler música), parceiro de Aldir Blanc, cria melodias e harmonias igualmente complexas. O mesmo acontece com algumas canções de Edu Lobo, que sabe ler e escrever música. Será que certos compositores populares querem passear pela música mais elaborada, fazer incursões pela música erudita? Pode-se notar esse grau de sofisticação, por exemplo, em *Retrato em branco e preto*, de Tom e Chico, *Luiza*, de Tom, ou em *Choro bandido*, de Edu e Chico.

Há diversos exemplos de sofisticação melódica na música instrumental. Essa pode facilmente beirar a "música contemporânea". Basta checarmos alguns exemplos de

Hermeto Paschoal. Quantos músicos/compositores brasileiros não constroem melodias incríveis na área da música instrumental? Vale a pena prestar atenção a alguns exemplos típicos.

Não é tão fácil escrever uma composição, mas é muito importante. Tem gente que consegue escrever até mesmo sem consultar o instrumento. (Muitas obras clássicas são compostas dessa maneira.)

Um piano ou um violão, no entanto, ajudam muito. Isso prova que a harmonia é um real suporte para a melodia.

RITMO (algumas noções)

O que é ritmo? O que faz a gente dizer que alguém possui bom ritmo? Existem canções mais rítmicas do que outras. São canções onde o ritmo desempenha o papel mais importante. *O ritmo é também parte da melodia.* Pode ainda servir como ponto de partida no processo criativo. Muitas vezes ritmo é confundido com estilo (Samba, Rock etc.), com andamento e ainda com volume. Há ainda a questão da precisão rítmica, mas essa é mais de quem executa. Há os compositores que compõem a partir de "levadas rítmicas", como muitos do Pop/Rock já mencionados no início do livro. Há compositores, como Lobão, que são bateristas.

Batida de tempo

Batida de tempo ou pulsação é a unidade de medida. O número de batidas de um compasso depende do numerador do compasso; 2/4, 6/8 etc. Há muitas canções escritas erradamente. Isso, no entanto, não as desmerecem quanto à sua beleza.

Devemos também considerar o andamento.

Num compasso 4/4, se tivermos andamento muito lento, o regente contará oito tempos. Se tivermos andamento muito rápido, todavia, o regente contará somente dois tempos. Por isso, certos compositores já escrevem em compasso binário: 2/4, 2/2 etc.

Valsas (3/4) rápidas são às vezes contadas em um tempo (uma batida de tempo por compasso): *Valsa de uma cidade*, de Ismael Netto e Antonio Maria.

Andamento

Antigamente usava-se os termos *adágio, allegro* etc.

Hoje em dia: semínima é igual a 80 b.p.m (batidas por minuto) ou a 120 b.p.m. etc.

Alguns compositores usam *tempo de Blues*, *moderato* etc., ou até mesmo *Lento, Rápido, Médio*.

Métrica

É a acentuação básica de cada compasso. Geralmente, o primeiro tempo é forte, mesmo que venha antecipado. Exemplo: *O bêbado e a equilibrista*, de João Bosco e Aldir Blanc, e tantos sambas e músicas de outros estilos que usam síncope, incluindo o Pop que, hoje em dia, pegou muita influência da música latina, africana e de outras culturas. É importante não confundir o tempo forte com o acento da caixa da bateria, mesmo em música Pop, onde há acentuação desta no tempo fraco (upbeat), ou mesmo com o acento do "surdo", instrumento usado pelos grupos de Samba acentuando também sempre no tempo fraco.

Síncope

É o deslocamento do tempo. Faz parte do estudo de leitura e escrita musicais.

A síncope, no entanto, é uma forma de sofisticação rítmica. Normalmente antecipa a colocação das notas em relação às batidas de tempo. A música popular é cheia de síncopes que caracterizam a influência das culturas africana e latina principalmente.

Composição

Como o ritmo preenche a música

O ritmo é parte da melodia. As respirações (descansos, pausas) são também parte do ritmo e podemos perceber isso ao as analisarmos.

Existe o ritmo melódico, que compreende um número de notas menor ou maior, com ritmo contínuo ou não. Há melodias com ritmo mais ou menos intenso. Isso, no entanto, não deve ser comparado ou confundido com música em andamento lento ou rápido. Nem tampouco com volume mais alto ou mais baixo. Existem músicas com diferentes andamentos (lento, médio, rápido etc.). Cada qual com sua beleza.

Ritmos melódicos simples e ritmos complexos:

Alguns compositores, principalmente os que interpretam as próprias canções, como Gil, João Bosco e Djavan, devido à sofisticação rítmica de suas melodias, deixam de ter suas músicas regravadas apesar de serem muitas vezes belas. Essa observação vale também para harmonia e até mesmo letra.

É importante observar que essas canções possuem escritas complexas e de difícil assimilação.

DICAS PARA ESCREVERMOS UMA MÚSICA

Uma observação que fazemos questão de colocar é quanto à fidelidade ou não em relação ao que o(a) cantor(a) canta ao ser traduzido para a partitura (música escrita). É importante escrevermos tendo como ponto de partida a lógica e não, simplesmente, a interpretação do(a) cantor(a). Se você transcrever para o papel uma música cantada por João Gilberto, cuidado!! Todo mundo sabe que ele cria divisões rítmicas totalmente diferentes do original (melodia original). Os cantores de influência Blues ou os jazzísticos também costumam improvisar muito ao cantar as melodias originais das canções.

Não é nossa intenção ensinar escrita musical. Porém aqui vão algumas dicas. Hoje em dia, para escrevermos nossas músicas, podemos recorrer a um profissional ou ainda a um "notation software". O único problema é saber conferir se tudo está certo. Portanto, conhecimento de música se faz importante. Compositores do passado, como Sinhô, Geraldo Pereira e outros, pediam sempre a músicos profissionais para fazê-lo. É de se considerar que muitas partituras que existem por aí apresentam falhas terríveis, tanto na melodia, quanto no ritmo ou na harmonia.

Pauta:

Geralmente escrevemos a melodia na pauta musical usando a clave de sol.

Sustenidos, bemóis e bequadros:

A harmonia normalmente é o que define. Por exemplo, se temos um acorde B7 escrevemos ré# ou fá#, e não, mib ou solb. Existem certas variações (discordâncias) entre alguns músicos e professores de harmonia. Há ainda, é claro, a armadura de clave de acordo com a tonalidade que irá definir o uso ou não de certas alterações.

Compasso e divisão de compasso (barras)

É importante sabermos em que compasso estamos compondo. Os mais usados são 2/4, 3/4, 4/4 ou C, 2/2 ou ¢ e os compassos compostos, 6/8, 9/8, 12/8. Às vezes, para não perdermos tempo, ou seja, para acompanharmos "o som que ouvimos" ao compor, não dá tempo de, à primeira escrita, escrevermos os valores e dividirmos os compassos. Vale, para este caso, escrever as notas na pauta mesmo sem os valores corretos. É importante não perdermos tempo no momento da criação, pois a inspiração pode ir embora tão rápido como veio.

Aos poucos vamos acertando-os, dando um polimento. Para obtermos uma escrita rápida, é necessário muito ditado (treinamento de percepção etc.).

2/2 ou ₵ ou ainda 2/4 são muito usados para Bossa, Samba e demais músicas de estilo binário. 3/4 é usado para Valsas e Guarânias. Mas existem raros Sambas em 3/4: *Cravo e canela*, de Milton e Lô Borges.

Raras são as composições populares em compassos irregulares (5/4, 5/8 ou 7/8). Poucos temas instrumentais em compassos irregulares ficaram de certa forma famosos, como *Take Five*, de Paul Desmond, que, como o nome sugere, foi composto em compasso com numerador 5.

4/4 ou C em geral é usado para Pop e pode ser considerado como o compasso mais usado. Canções brasileiras em andamento lento também adotam o compasso 4/4.

6/8 e 12/8 para Blues, Slow rock, Rock balada, Balada etc.

9/8 pode ser usado para Jazz waltz (Jazz com ritmo ternário).

Os outros que não estão citados aqui são mais usados em música erudita.

Vale a pena uma consulta ao capítulo que disserta sobre a questão do ritmo.

Tonalidades e escalas

São fundamentais para colocarmos a armadura de clave certa e para construirmos melodias. Às vezes a música modula tanto que fica difícil sabermos em qual tonalidade estamos. Existem músicas que começam em uma tonalidade e terminam em outra. Muita coisa é possível. Quanto às escalas étnicas (típicas), são muito importantes, principalmente quando se quer escrever num estilo típico. Se bem que, sendo como empréstimo, é mais comum. Jobim usou a escala de Blues em várias composições, como *A felicidade* e *Bonita*. Edu usou a escala Nordestina em várias de suas composições, como em *Upa neguinho* ou *Borandá*. Escalas de Blues, Nordestina, Pentatônica (Chinesa), escalas derivadas de tonalidades maiores e menores (Frígia, Eólia) são todas de grande importância.

Escalas (maiores e menores)

São a essência da música ocidental

Escalas modais: Construídas a partir dos diferentes graus da escala maior. Requerem um estudo mais aprofundado (dórica, lídia, mixolídia). (Consultar livro de harmonia)

Escalas étnicas: São oriundas de diferentes culturas.

Eis algumas das escalas encontradas em música popular:

Cigana:

Árabe:

Moura:

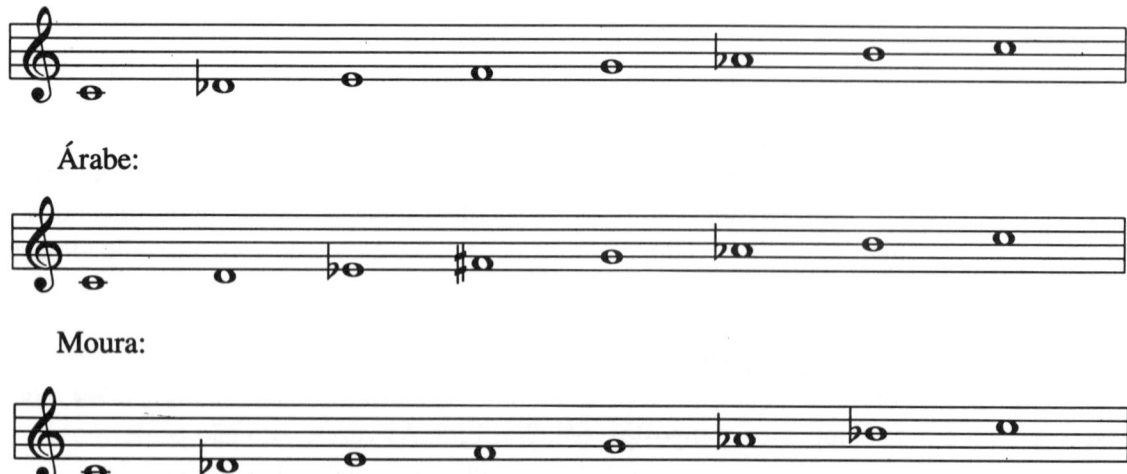

Pentatônica:

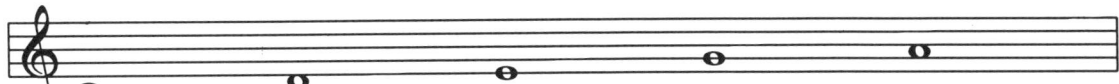

Podemos observar esta última muito empregada: *Azul*, de Djavan, na parte B foi totalmente criada a partir da escala pentatônica apesar de apresentar harmonia tonal: ||Gm7 A7 | Dm7 B7(#11) | Bb7M A7 | Dm7 Ab7 || *A paz*, de Donato e Gil, é outro exemplo.

Existem outras como a de Blues ou a Nordestina. Esta última sendo uma combinação de duas escalas.

Escala de Blues

Escala Nordestina (mixolidia)

Escala Nordestina (Lidia b7)

Em que tonalidade deve-se escrever uma canção?

Depende, no caso de música com letra (canção), da extensão da melodia em combinação com seu registro vocal. Existem tonalidades mais fáceis no piano: Dó maior, Fá maior, Sol maior, Lá menor, Ré menor... e tonalidades mais fáceis no violão: Mi maior, Lá maior, Ré maior, Lá menor. Por incrível que pareça, certas canções soam melhor em algumas tonalidades do que em outras. Às vezes, isso ocorre. Pode ser somente impressão deste autor. Mas vale a pena discutir-se esse item.

Intervalos

Durante uma canção devemos usar certa lógica em relação aos intervalos. Veremos isso mais tarde ao analisarmos o desenvolvimento de "motivos" ou células iniciais. O equilíbrio entre os intervalos é fundamental na construção de uma melodia. Intervalos distantes às vezes dificultam a fluência musical. Quando saltamos (intervalos afastados), convém compensarmos com direção oposta. Veremos isso mais adiante.

Devemos partir do princípio de que uma melodia deva ser cantável. Essa colocação vale até para temas instrumentais.

Combinando tudo

Coloque a cifragem sobre a melodia e a letra debaixo das notas correspondentes.
Exemplo disso é o *Songbook de Noel Rosa* publicado pela Lumiar.

Motivos/Células

O desenvolvimento melódico dos motivos básicos (iniciais) de uma canção em combinação com harmonia e ritmo faz com que a música possa fluir ou não. Muitos compositores, mesmo sem conhecimento desta técnica, conseguem ótimos resultados.

É importante que o motivo básico (inicial) seja "marcante". Às vezes, o motivo inicial vem à nossa mente nos momentos mais inesperados: Carlos Lyra já elaborou melodias até tomando banho. Andando na rua, dormindo ou tomando banho etc., tudo pode ser momento para captar a inspiração. Existem histórias incríveis sobre isso, contadas pelos próprios compositores.

Como achar esse "motivo"?

Alguns compositores descobrem-no simplesmente brincando com melodias no instrumento. Outros começam a tocar uma seqüência harmônica e/ou uma "levada rítmica" para conseguir "essa tal inspiração". Alguns compositores partem do título, do estilo musical (Baião, Funk etc.) ou da idéia da canção. Às vezes você quer compor para alguém cantar e então a inspiração vem do modo daquela pessoa cantar. Um bom "motivo inicial" pode facilitar o desenvolvimento de toda uma canção.

<u>Motivos compostos de uma mesma nota</u> (considere-se também repetição de notas)
Exemplos:
Samba de uma nota só

A rã (Observação: Esta música, no seu decorrer, só contém quatro notas)

<u>Motivos compostos de duas notas diferentes</u>
Exemplos:
Águas de março (Tom Jobim)

Deixa (Baden e Vinicius)

<u>Motivos com três notas diferentes</u>
Exemplo:
Dom de iludir (Caetano Veloso)

Azul, de Djavan

Motivo com quatro notas diferentes
Exemplo:
O ovo, de Hermeto Paschoal

Motivos duplos (pergunta e resposta) e múltiplos

Existem melodias que se desenvolvem a partir de duas ou mais células melódicas iniciais, causando o efeito "pergunta e resposta": *Wave*, de Jobim, ou *Risque*, de Ari Barroso:
Frase musical pergunta: "Risque"
Resposta: "Meu nome do seu caderno"

Variações sobre um motivo dado

Uma das técnicas que podemos usar para elaborar uma melodia é variar a partir da célula melódica inicial. Existem muitas possibilidades
Tomemos como exemplo o motivo/célula dado abaixo
Motivo dado (MD)

a) Variações rítmicas:
Deslocamento
É, como diz o nome, deslocar o ritmo sem mudar os valores

Tensionamento
É diminuir parcial ou totalmente os valores:

Relaxamento
É o contrário de tensionamento:

Variações melódicas
Transposição
É transpor graus (não a tonalidade) mantendo relativamente a relação intervalar

Inversão total ou parcial
É a inversão da direção melódica de uma célula:
Parcial:

Total:

Ampliação da distância entre os intervalos
É criar mais distância entre os intervalos:

Diminuição da distância entre os intervalos
É o oposto da variação acima:

Variações compostas

Adição
Consiste em adicionar nota(s) durante ou após a célula ou variação:

Supressão
É o contrário de adição:

Exercício: Crie tantas variações quantas puder para os motivos abaixo. Utilize o máximo de possibilidades.

Swing

Combinando as diferentes variações
Muitas vezes podemos efetuar mais de uma ou duas variações ao mesmo tempo.
Exemplo: Motivo dado

Variação

Tivemos na variação acima, na realidade, uma série de variações: deslocamento, diminuição de intervalos, transposição, supressão de notas e inversão parcial.

Exercício: Realizar, combinando de acordo com o que apresentamos acima, tantas variações quanto puder para os motivos dados no exercício anterior. Cuidado para que não haja descaracterização da célula, pois às vezes isso pode acontecer devido ao número exagerado de variações simultâneas.

Como encaminhar um motivo?
Precisamos primeiramente fazer exercícios com as variações apresentadas acima. Eis algumas possibilidades:

1) repetir, mudando ou não a harmonia.

2) repetir total ou parcialmente, mudando a altura (mais aguda ou mais grave) e a harmonia. Há canções, como *Começar de novo*, de Ivan Lins e Vitor Martins, ou várias no estilo Bossa Nova, em que há tão-somente repetições quase idênticas da célula inicial combinadas com mudanças harmônicas (geralmente passando-se por várias tonalidades caracterizadas pelos encadeamentos harmônicos definidores de uma passagem tonal como II-V ou II-V-I ou simplesmente V-I). Vale usar substituições harmônicas conforme o estilo. (Ver adiante)

3) repetir total ou parcialmente, mudando a altura (mais grave).

4) se o motivo for longo (duplo), ou seja, com pergunta e resposta, repita-o só uma parte.

5) repetir, mas mudando os intervalos e encaixando com a harmonia.

6) usando outros motivos. Geralmente isso ocorre quando se vai da primeira para a segunda parte, ou simplesmente quando mudamos a "estrofe" e depois, repetindo-se o primeiro motivo, de preferência com algumas modificações.

Utilize as técnicas apresentadas. É muito importante o entrosamento com a harmonia.

Composição

É importante às vezes "dar um tempo" no motivo inicial para depois retomá-lo.
Consulte adiante em Harmonia.

É importante lembrar que esta é apenas uma das técnicas para desenvolvermos uma melodia. Às vezes vale criar sem pensarmos nela e, se necessário, recorrer à mesma.

Expandindo o motivo em uma frase

A frase é o motivo expandido ou a combinação de dois motivos (células) distintos. Geralmente uma frase é composta de dois a quatro compassos.

Algumas pessoas dizem que o motivo é a pergunta e a frase, a resposta. Ou seja, a frase pode ser simplesmente a combinação de um motivo duplo: "...Quem é você, que não sabe o que diz..." *Palpite infeliz*, de Noel Rosa.

No exemplo acima, *quem é você* representa a primeira parte de um motivo duplo e *que não sabe o que diz*, a segunda. A composição das duas células musicais representa a frase. Esta é depois desenvolvida conforme os critérios e técnicas colocados acima.

Eis um exemplo de um motivo duplo e de como ele é desenvolvido:
Wave, de Tom Jobim.

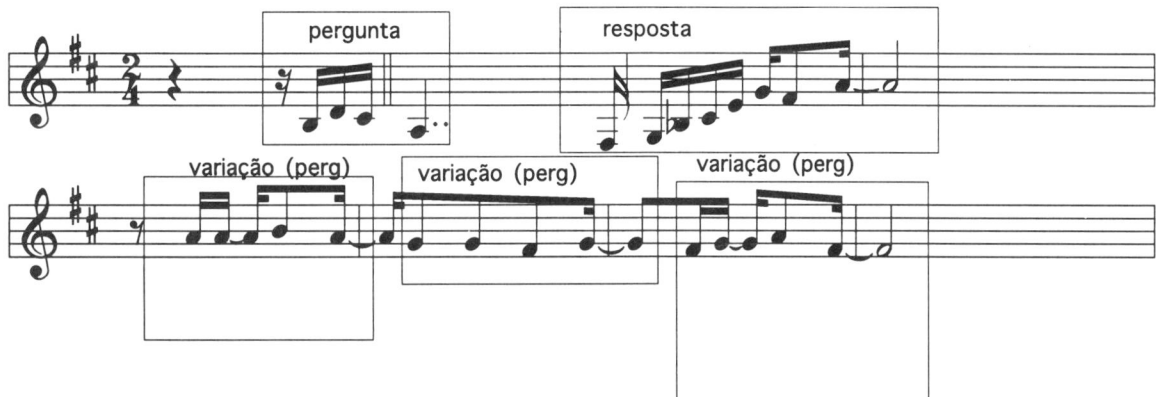

Expandindo a frase em um período

Período deve ser considerado como uma parte de uma música (A ou B, por exemplo). Geralmente é composto de oito ou dezesseis compassos. Mas existem, é claro, outras possibilidades. (Não devemos limitar ou condicionar a nossa criação.)

É como uma estrofe. É muito comum a repetição de uma estrofe (período): **A, A**.

É importante assinalar que, apesar de termos uma diversificação enorme de estilos na música popular, essas técnicas e conhecimentos adquiridos só poderão ser úteis. Lance mão delas quando necessário, mas não embote sua criatividade.

Extensão ou registro

Não ultrapassar uma oitava acrescida de uma sexta (décima terceira): *Travessia*, de Milton Nascimento e Fernando Brandt.

Esse é um limite bem amplo que só cantores preparados como Milton podem cantar. Normalmente uma oitava ou uma oitava acrescida de mais um intervalo de segunda (décima) é uma boa extensão. No entanto, essa questão não deve atrapalhar o desenvolvimento da melodia. Mas não deixe de se preocupar com isso. Se você puder cantar confortavelmente, é sinal de que a extensão está OK. Compositores como João Donato conseguem resultados incríveis com melodias de curta extensão.

Exercício: Detectar extensões em dez músicas.

Tessitura

Evite que em sua canção prevaleça o registro (tessitura) agudo. Observe como em várias canções o compositor guarda as notas agudas para o "clímax". Por exemplo, Milton em *Travessia*. Há outras, porém, como *Deixa*, de Baden e Vinicius, em que a primeira nota da música já é a mais aguda. O clímax (tensão) pode também estar na letra, na harmonia ou no arranjo. Essa é uma questão muito delicada para generalizarmos.

Exercício: Conforme o que vimos a respeito de tessitura/clímax, analisemos músicas de diferentes autores.

Melisma

Significa uma sílaba abrangendo diferentes notas:
"Aquele abra-a-ço"
É muito usada também por Djavan, por alguns do Pop brasileiro ou em Blues e Jazz.
Exercício: Localizar melismas em canções. Tente encontrar o máximo possível.

Seqüência

É um movimento de grupos de notas separadas pelos mesmos intervalos. É uma das ferramentas mais usadas por compositores.

Ajuda a criar unidade e equilíbrio. Não abuse das seqüências. Exemplo equilibrado com seqüência:
(*Wave* - 2ª parte)

Outro exemplo na MPB seria *O barquinho*, de Menescal e Boscoli. Mas existem muitos. Considere o estilo Bossa Nova, onde provavelmente encontraremos várias seqüências melódicas enquanto a harmonia vai mudando.

Exercício: Localizar o maior número possível de seqüências em músicas.

Algumas regras

1) Depois de um "salto melódico", tente compensar em direção oposta.
Deixa, de Baden e Vinicius:

2) Depois de dois saltos na mesma altura (pitch), compense em direção oposta.
Céu e mar, de Johnny Alf.

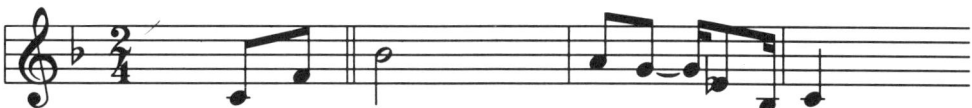

Capítulo IV
HARMONIA/ACORDES

Um conhecimento básico deste assunto nos ajuda muito a compor. Se você não conhece harmonia, procure estudá-la em métodos ou em livros. Grandes compositores, em geral, têm algum conhecimento de harmonia. A MPB evoluiu muito neste sentido a partir de Caymmi, Ari Barroso e Custódio Mesquita, até chegar em Jobim. Arranjadores e músicos, como Radamés Gnatalli e Dick Farney, foram fundamentais para essa evolução.

Harmonia, melodia e ritmo são de tal forma interligados em composição que se torna difícil discutir cada elemento separadamente.

Acordes criam efeitos diferentes dependendo de sua localização. Já o ritmo é mais importante no final do processo criativo. (O ritmo mais adequado para uma melodia.)

Discutiremos os acordes com sentido de colorido e sua relação com emoção e o colorido de que falamos.

Acordes, separadamente, não têm o mesmo sentido quanto em relação com outros (encadeamentos).

Todos sabemos o que é um acorde. Há acordes consonantes e dissonantes. Há, melhor ainda, acordes que se encaixam, que combinam, e outros que não se harmonizam.

O importante é vermos como cada estilo de música usa acordes específicos. Sinta a diferença entre estilos que usam tipos de acordes totalmente diferentes: Bossa Nova e Blues, Chorinho e Pop. Adiante faremos uma análise harmônica geral por estilos, mostrando seus clichês, levadas, harmonia e fraseado, já que tudo isso poderá influenciar na harmonia. Portanto consulte o capítulo Estilos quando for necessário. Lembremos também que, por exemplo, harmonizar um Chorinho com acordes típicos de Bossa Nova não é crime. Muito pelo contrário, pode resultar em fusão bem interessante.

Tríades

As tríades (acordes de três sons) mais usadas são a maior e a menor.

Há uma notável diferença entre os dois tipos de acordes, apesar de ambos serem conclusivos. A tríade menor conclui muitas vezes de forma mais intensa.

A tríade diminuta é raramente usada em música popular hoje em dia. Por ser incompleta, é normalmente substituída pela tétrade (acorde de quatro sons). Possui um som melodramático e de certa forma tenso. Pede resolução por ser de caráter instável.

A tríade aumentada é geralmente "de passagem" ou pode fazer o papel de um acorde 7/b13 disfarçado.

Cria certa tensão, pedindo também resolução, e provoca sensação de sonho, ilusão... Experimente tocar uma série de tríades aumentadas.

Nos anos 60, a música Pop incorporou a tríade com quarta, que geralmente resolve-se na terça. (Ex.: C4, formado pelas notas dó, fá, sol, resolvendo em C (dó, mi, sol))

Hoje em dia, muito cultivada a partir de Peter Gabriel no Pop, usamos muito a tríade 2 (Ex.: C2 é formado por dó, ré, sol) como substituta para a tríade maior. É interessante o efeito conseguido se passearmos com a escala pentatônica maior no baixo. Em geral, as tríades são fartamente usadas na música Pop e no Jazz.

Há os "power chords" (acordes formados pela fundamental (nota que dá nome ao acorde), quinta e oitava), muito usados em Rock como alternativa para os acordes maiores ou menores.

Tríades com baixo trocado (invertido) como C/G podem também criar coloridos interessantes. Consulte *Harmonia e estilos para teclados* deste autor. Começaram a ser usadas a partir dos Choros e Valsas. Muito usadas por Noel e seus contemporâneos, e até mesmo por Chico Buarque e Tom Jobim. O uso do violão de 7 cordas, muito comum em Sambas e Choros, propicia o uso desses acordes pela ênfase dada à linha do baixo.

Tétrades

Possuem quatro notas diferentes. São os acordes com sétima, menores com sétima etc.

Há o V7 (Dominante). Hoje também usamos o acorde 7 em música híbrida (tonal-modal) do tipo Blues, musicas folclóricas (nordestinas e outras). É também um dos acordes mais usados. Os acordes 7M (sétima maior) começaram a ser usados, ainda que timidamente, nos anos 30 e 40. Caymmi foi um dos pioneiros. Esse acordes já apresentavam sofisticação maior em relação aos até então usados. A partir da Bossa Nova já eram bem mais usados, não só estes como também os de nona, décima primeira, décima terceira etc.

Tétrade diminuta

Seqüências ascendentes eram usadas pelos pianistas de salas de cinema na fase do cinema mudo, pelo seu tom melodramático. Em Bach é muito usado em seqüências com baixo pedal, dando um certo clima de tensão antes de preparar para a finalização. (Ver Preludio nº 2 do *Cravo bem temperado*.) Seu uso é também muito freqüente em Choros tradicionais, como *Interrogando*, de João Pernambuco, onde há uma seqüência de diminutas descendentes por semitom. Há as diminutas de passagem ascendentes, que em geral podem ser usadas como substitutas dos acordes dominantes, muito usadas por compositores da Bossa Nova, e as de passagem descendentes, muito usadas como ligação entre graus conjuntos. Alguns exemplos desta última podem ser encontrados em diversos Sambas-canções, como em *Eu sei que vou te amar*, de Tom e Vinicius, logo no segundo compasso.

Tríades com sexta e tríades com nona (add9)
As tríades com sexta praticamente não são usadas em Pop, mas o são em MPB (Samba-canção e Bossa Nova) e em Jazz. Já as tríades com nona eram muito usadas por compositores, como Burt Bacharach nos seus sucessos cantados por Dionne Warwick ou pelos Carpenters, e influenciaram muito os nossos compositores, como Marcos Valle. É também uma alternativa jazzística para as finalizações com a melodia na tônica (nota que dá nome à tonalidade).

Acordes com nona, décima primeira, décima terceira e sus 4
bem como os acordes com **baixo trocado,** são também fartamente usados nos estilos acima, principalmente os de harmonia sofisticada.

Harmonia/encadeamentos

Idéias podem surgir de um conceito inicial que nos leve a um título e a um "motivo melódico".

Mas a harmonia pode ser a inspiração inicial. Muitos compositores, como já falamos, assim procedem. A melodia vem a partir dos acordes. Ela dá o "clima" da música.

Para entrarmos neste assunto é importante considerar alguns pontos:

1) O compositor deverá dominar harmonicamente o estilo no qual esteja compondo.
2) Ter conhecimento dos encadeamentos mais usados naquele estilo.
Para tanto, vale um abordagem, ao menos superficial, sobre os acordes diatônicos.

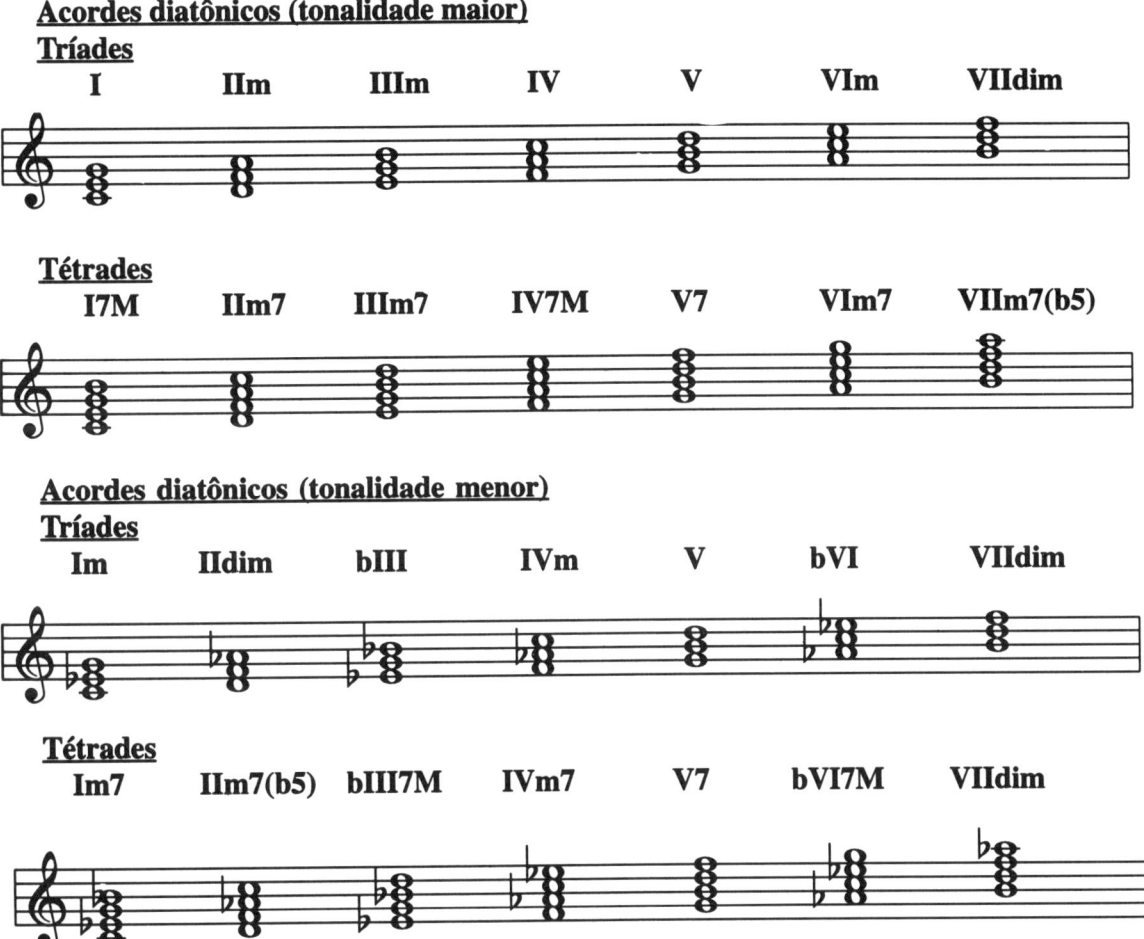

Encadeamentos

Existem encadeamentos mais usados, tanto com tríades como com tétrades. São os que definem uma tonalidade.

Os encadeamentos determinam o caminho harmônico de uma música e estão intimamente ligados ao estilo musical.

Encadeamento V - I ou I - V

O acorde V7, pelo seu caráter instável, pede resolução. Muitas vezes antecede o de tônica (primeiro grau).

É o encadeamento mais usado em música ocidental. Pode aparecer na forma acima ou disfarçado: Bdim - Cm. Neste caso, Bdim substitui o G7, que é dominante (de quinto grau).

Alguns exemplos em música brasileira: *Preta, pretinha*, de Moraes e Galvão, *Samba da bênção*, de Baden e Vinicius. Há vários estilos que utilizam o encadeamento V-I: Choro, Samba, Pop, Blues etc.

O grau I é sempre conclusivo e o V pede resolução. É um encadeamento também muito usado em música folclórica. Ver música folclórica brasileira. Descubra por você mesmo. Às vezes, as substituições harmônicas dão um colorido especial. Por exemplo, o acorde VII (diminuto), o bII7 ou o bVIm6 substituindo o V7, como vimos acima. Há ainda possibilidades como aquela em que o I ou V (primeiro ou quinto grau(s)) pode(m) ser substituído(s) pelo I ou V com baixo(s) trocado(s) (terça ou sétima, por exemplo) ou ainda, por características de estabilidade ou instabilidade, o I (primeiro grau) pelo III (terceiro grau) ou o V pelo VII. Essa prática harmônica é muito encontrada desde os primeiros Choros e, principalmente, a partir dos anos 30 em músicas como as de Noel Rosa, nos Sambas em geral e até mesmo mais recentemente em músicas de Chico Buarque.

Encadeamentos com três acordes:
Encadeamento I - IV - V

Muito usado em Pop, tanto em tonalidades maiores quanto em menores. Aí também entram tríades com quarta e acordes 2 (D4   D2   D).
Exemplo:
D - G - A7

Encadeamento V - IV - I

É o oposto em relação ao encadeamento apresentado acima. Um exemplo significativo pode ser encontrado na canção *Alagados*, de Herbert Vianna, João Barone e Bi Ribeiro (Paralamas do Sucesso), que apresenta esse encadeamento do início ao fim da música.

Encadeamento II - V - I ou IV - V - I

É um dos encadeamentos mais usados na música tonal. É uma boa forma para irmos modulando. Muito utilizado em Bossa Nova e Swing, enfim, em músicas de características harmônicas tonais sofisticadas. Considere as substituições harmônicas para qualquer um dos graus.

Às vezes vem adicionado de acordes "interpolados": IV - IVm7 - IIIm7 - VIm7 - II7 - V7 bII7 - I.

Mudando a harmonia

Às vezes, se ficarmos o tempo todo em dois ou três acordes, cansa. Houve uma fase da música Pop, precisamente nos anos 60, em que esse formato harmônico repetitivo era muito usado. Até mesmo compositores que atuam recentemente, quando não acham uma saída harmônica, partem para a seqüência com dominante e tônica, ou simplesmente uma série com somente dois acordes (I - IIm7). Por outro lado, o uso de poucos acordes pode facilitar o enriquecimento da levada rítmica, principalmente no Pop.

Dominantes consecutivas: V7 - V7

É sempre importante que o compositor desenvolva os binômios pergunta-resposta, tensão-relaxamento, yin-yang.

Porém, as dominantes consecutivas nunca dão sensação de repouso, pois são acordes de função instável.
Exemplo: **D7 - G7**
Podem ser substituídas por II cadencial estendido (II - V).
Exemplo: D7- G7 sendo substituído por Am7 - D7 - Dm7 - G7 etc. Muito utilizado em Sambas em geral. Como referência podemos vê-los colocados em muitos sambas de Noel Rosa: *Conversa de botequim*:

     A7   **D7** **G7** **C**
"...Qual foi o resultado do futebol..."
Às vezes vem disfarçado com "baixos trocados":
     D7/F#   **G/F**   **C/G**
"...Seu garçom, faça um favor de me trazer depressa..."

Encadeamento II - V ou II - V - I

De tanto ser usada tradicionalmente em música Pop de influência jazzística, em MPB e outras, passou a ser um clichê. É um encadeamento mais usado num contexto de tétrades ou tétrades com extensões (nonas, décimas terceiras etc.). Mas é uma das melhores formas de se passear por tonalidades, o que enriquece harmonicamente uma canção. Às vezes o acorde II pode ser substituído pelo IV. Há ainda, no mesmo encadeamento, o que chamamos de cadências imperfeitas, ou seja, um dos acordes, ou ambos, aparece(m) com o baixo invertido (G/F - C/E). Com certo domínio harmônico, o compositor passa a usar substituições que fazem com que esses encadeamentos sejam apresentados disfarçadamente/sutilmente, com isso enriquecendo a harmonia de uma música.

Exemplo: *Começar de novo* (Lins e Martins)

Dm7(9)   G7/4(9)
"Começar de novo..."

Gm7(b5)   C7sus(b9)   F7M(9)   Bb7M(9)
"Vai valer a pena   ter amanhecido"

Encadeamento I - VI - II - V

Esse encadeamento é mais utilizável em tonalidades maiores.
Exemplos com I VI II V
Anos dourados (Tom e Chico), logo no início:

   C7M   Am7   Dm7   G7   etc.

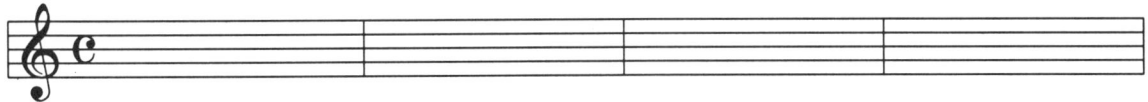

Exemplo típico com samba de época:
I - VI7 - II7 - V7 - I
  C   A7   D7   G7

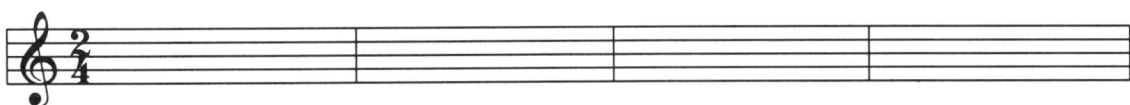

É um clichê muito utilizado tanto internacionalmente como no Brasil (Samba-canção). Foi uma das seqüências diatônicas mais usadas em música popular.

Às vezes é disfarçada por rearmonização (I - bIII7 - II7 - bII7(9) ou (I - bVI7 - II7(#9) - V7). É claro que não é uma seqüência que deverá ser usada durante toda a canção, e sim em trechos. É muito usada no início de uma música e às vezes como introdução, pois dá um sentido de preparação bem evidente.

Bridges

É a série mais comum usada entre os compassos 8 e 16 ou entre os compassos 16 e 24 no estilo Pop (formato Verse, Bridge, Chorus).

É conveniente reforçarmos aqui o conceito de Bridge, que pode ser simplesmente a parte B ou ainda a ponte entre o Verse e o Chorus (refrão).

Nem todas as canções possuem Bridges (pontes).

Depois da parte inicial da música pode surgir a Bridge. Eis um exemplo:

Dó Maior: *Só danço samba*, de Jobim e Newton Mendonça" (segunda parte com harmonia simplificada)

    I7 | I7 | IV | IV | II7 | II7 | V7 | V7...
    C7 | C7 | F | F | D7 | D7 | G7 | G7 ...

Às vezes o acorde II antecede o V7 (II cadencial). Eis a harmonia original no trecho em que a letra diz: "...Já dancei o Twist até demais..."

    Gm7 | C7 | F7M | F6 | Am7 | D7 | Dm7 | G7

É comum também o uso da Bridge (parte B) ir modulando por tom descendente como em tantas canções da fase bossa-novista.

Bridge modulando para tons relativos, homônimos ou vizinhos

É muito comum irmos para o tom relativo menor: de Dó maior para Lá menor (modulação para tom relativo) ou vice-versa. Para isso usamos acordes de preparação (dominante ou II cadencial). Eis um exemplo: *Queixa*, de Caetano Veloso ("...Um amor assim delicado..."), vai para o relativo menor na segunda parte. Ou, ao contrário, ou seja, indo de um tom menor para o relativo maior: *Muito romântico*, do mesmo autor, ou *Falando de amor*, de Tom Jobim, que começam em uma tonalidade menor, por exemplo, Mi menor, e vão para o relativo maior, Sol maior, na parte B (Bridge).

Às vezes, a partir de uma tonalidade maior vai-se para o III grau, por exemplo, da tonalidade de Dó maior para Mi menor: *Upa neguinho*, de Edu Lobo e Guarnieri.

Em certos casos vamos para os tons vizinhos (relativos ou tons da dominante ou subdominante, ou seja, IV grau e seus relativos). São os tons que possuem armadura próxima. Por exemplo, os tons vizinhos de Dó maior são: Lá menor, Fá maior, Sol maior e seus relativos, Ré menor e Mi menor. Talvez isso possa ajudar. Depois, normalmente, volta-se à tonalidade original, usando o encadeamento II - V de várias formas, mesmo rearmonizadas. Ou vai-se passando por várias tonalidades até chegarmos (ou arranjarmos um jeito de) à tonalidade inicial.

Pontes modulando para outras tonalidades

É uma maneira de sair da monotonia harmônica.

Encontramos exemplos em *Codinome Beija-flor*, por exemplo, Lá maior modulando depois para Dó maior. *Desculpe o auê*, de Rita Lee e Roberto de Carvalho (indo de uma tonalidade maior para dois tons e meio abaixo na segunda parte), de Sol maior para Ré maior. *Chega de saudade*, de Tom e Vinicius, que vai para o tom homônimo na segunda parte (começa em Ré menor e vai para Ré maior), ou *Wave*, de Tom Jobim, que vai de uma tonalidade maior para uma outra situada uma terça menor acima na segunda parte.

Muitas vezes vão para o IV grau. Neste caso há modulação para o que chamamos de tonalidade ou tom vizinho(a).

Dominantes secundárias/consecutivas

Muito usadas em sambas de antigamente, principalmente para finalizar a parte A: (E7 - A7 - D7 - G7 - C), como em *Conversa de botequim*, de Noel Rosa, que já foi mostrado.

Alguns outros exemplos e regras:

1) *Chorinho pra ele*, de Hermeto Paschoal, no final da primeira parte: F7-Bb7-Eb7-Ab7-Db7-C7-F

2) Comece fora do círculo das dominantes secundárias usando, por exemplo, um II - V - I, passeando por várias tonalidades (passagens modulantes) e depois encaminhe-se para a tonalidade primitiva.

3) Para sair, finalize com um acorde maior ou menor.

4) Não abuse de saltos longos.

O clichê diminuto

Mais comum é a série apresentada abaixo de acordes diminutos, que serve como substituta para I - VI - II - V dando sempre um certo toque dramático:

Trata-se da seqüência I - bIII° - II - V (de passagem descendente, muito usados nos anos 60): *Minha namorada*, de Carlinhos Lyra e Vinicius, *Sabiá*, de Tom e Chico, em algumas composições de Tito Madi etc.

Outras possibilidades com acordes diminutos:

I - I° - II - V (diminuto auxiliar) *Lua, lua, lua, lua*, de Caetano Veloso, logo nos primeiros quatro acordes.

IV - #IV° - I/5 (diminuto de passagem ascendente) *Feitiço da Vila*, de Vadico e Noel Rosa "...São Paulo dá café, Minas dá leite...".

I - #I° - II - V (diminuto de passagem ascendente) *Só em teus braços*, de Tom e Vinicius "...Sim, promessas fiz...".

São normalmente usadas em tonalidades maiores, porém encontramos algumas passagens em tonalidades menores, como:

Im - VII° - bVIIm6 ... *Insensatez*, de Jobim, logo no início.

No Brasil é muito usada, como já falamos, a série de diminutos descendentes por semitom: B° - Bb° - A° etc. em Choros. *Interrogando*, de João Pernambuco, pode ser considerado um ótimo exemplo.

Clichês para finalização

Eis alguns exemplos tradicionais:

Tonalidades maiores
IV - IVm - I/3 - VI7 - IIm7 - V7 - I
ou
IV - IVm - I/3 - VI7 - II7 - V7 - I

Tonalidades menores
IVm - bVII7 - IIIm7(b5) - VI7 - II° - V7 - Im
ou
IIm7(b5) - V7 - IIIm7(b5) - VI7 - IIm7(b5) - V7 - Im

Linhas do baixo

Muito importante é o papel da linha do baixo, principalmente quando a linha melódica é estática: *Samba de uma nota só*, de Tom e Newton Mendonça, *Águas de março*, de Tom, *A rã*, de Donato e Caetano.

Existem vários outros exemplos como *Viola enluarada*, de Marcos e Paulo Sergio Valle, onde o baixo, por inversão, desempenha trabalho superimportante.

Linhas Ascendentes através de acordes diminutos

Para tanto, é comum lançarmos mão dos acordes diminutos, como acabamos de ver:
IV - #IV° - I/5 encontrado no final de *Folhetim*, de Chico.
ou mesmo
I - #I° - II encontrado em *Agora é cinzas*, de Bide e Marçal, "...Você partiu..."
ou
I - II - II° *Olhos nos olhos*, de Chico, "...Quando você me deixou...".

Ascendente através de acorde aumentado

Aumentando a quinta de um acorde não representa simplesmente uma subida do baixo:

Pode ser: I - I(#5) - I6, famoso clichê encontrado em *Carinhoso*, de Pixinguinha e João de Barro, dentre outras.
Ou
I7m - I7M(#5) - IV7M, passagem harmônica encontrada em *Samba do avião*, de Jobim, no verso "Vejo o Rio de Janeiro...".

Descendente (maior ou menor)
Linhas do baixo descendente dão um certo clima romântico e por isso geralmente os compositores gostam de usá-la. Exemplos: *Brigas nunca mais*, de Tom, *As suas mãos*, de Tito Madi, ou *Viola enluarada*, dos irmãos Valle.

Baixo pedal
É o baixo "preguiçoso" que fica se repetindo enquanto a harmonia se move. Os pedais mais usados são os de dominante ou de tônica. Aqui vai um exemplo com pedal de dominante: *Lugar comum*, de João Donato, ou ainda *Razão de viver*, de Eumir Deodato e Paulo Sergio Valle.

MÚSICA MODAL OU SEMIMODAL
É muito difícil encontrarmos em música popular músicas totalmente modais (construídas sobre um modo que não seja o maior ou o menor). Mais fácil, todavia, é encontrarmos acordes de empréstimo modal (ver Glossário) ou músicas harmonicamente híbridas, misturando passagens modais e tonais. Na MPB temos vários exemplos, como em Jorge Benjor ou Edu Lobo.
Eis alguns:
Música modal: *Procissão*, de Gil, construída sobre o modo mixolídio, *Chove chuva*, de Jorge Benjor, baseada no eólio, *Pra não dizer que não falei de flores*, de Vandré, modo eólio.

Música semimodal: *Borandá*, de Edu, *Arrastão*, de Edu e Vinicius, *Cravo e canela*, de Milton, *Lilás*, de Djavan, e *Faz parte do meu show*, de Cazuza e Renato Ladeira. (Obs.: Esta música só apresenta acordes com sétima maior, dando a impressão de semimodalismo.)
O bom desempenho na composição de músicas com as características acima depende de um conhecimento maior do assunto, ou então, que o autor, intuitivamente, já domine o vocabulário modal. Que aquela música modal faça parte de sua cultura. É definitivamente um recurso amplamente utilizado na música popular de hoje.

SUBSTITUIÇÃO DE ACORDES (REARMONIZAÇÃO)
É muito importante ter-se o domínio deste assunto em harmonia. Podemos, a partir disso, transformar totalmente o estilo de uma canção. Alguns compositores já rearmonizam ao compor. É o caso de muitos da Bossa Nova ou mesmo os do grupo mineiro, como Toninho Horta, Beto Guedes, e outros, como Ivan Lins.
Exemplos:
Suspensão: Significa colocarmos um acorde 7/4 antes do acorde V7 (dominante) ou mesmo substituí-lo.
V7/4 - V7

Antecipação:
Transformar o V7 (dominante) em IIm7 V7, suavizando o acorde preparatório através do II cadencial.

Finalizações com cadências (encadeamentos) deceptivas:
Exemplos: IIm7 - V7 - bVI7M etc. (muito usada para finais, dando-nos uma sensação de que estamos evitando o óbvio)

Eis algumas técnicas de rearmonização:

1) Por substituição diatônica (I pelo III, II pelo IV, V pelo VII): utilizada tanto em tonalidades maiores quanto em menores.

2) Substituição por semelhança das notas de um acorde ou por funções:
II pelo II7 (empréstimo modal ou dominante secundária), II pelo IIm7(b5)(substituição por empréstimo do tom homônimo), V7 pelo bVIm6 (dominante disfarçado). Há ainda as substituições usando baixo trocado em um ou em todos os acordes de uma cadência (V7/7 - I/3).

3) Substituição com adição das extensões do acorde: C sendo substituído por C7M(9). O inverso poderia acontecer. Tudo dependerá do estilo de música que estivermos compondo. (Ver Estilos adiante)

4) Adição de acordes de passagem (acordes de ligação). Por exemplo:
C | F | G7 | C ||
Pode ser substituído por:
C C/E | F7M F#° | G7sus G7 | C6 ||

5) Substituição com mudança de sentido harmônico:
Exemplo: Num encadeamento F7M | G7 | C7M || temos os acordes substituídos por A7M | Em7 | F7M || Essa possibilidade é muito encontrada em algumas músicas de compositores como Guinga, parceiro de Aldir Blanc.

6) Usando um acorde para cada nota. Essa modalidade de rearmonização deverá ser usada apenas em passagens curtas e com bastante parcimônia.
Para um melhor desempenho nesse assunto, convém um estudo mais aprofundado de harmonia. Recomendo *O livro do músico* ou *Harmonia e estilos para teclado* deste autor.

Capítulo V
LETRA

Letra e canção

Pelo fato de que na grande maioria das vezes a letra é feita depois da melodia, muito do que se falou sobre esta, assim como sobre harmonia e ritmo, e ainda do que vai se falar sobre estilos, pode ser aplicado à letra. ***A letra é a canção***. Canção sem letra não é canção, e sim música instrumental.

A canção veio para ficar. Aqui no Brasil, chegou fortemente com o disco magnético e se afirmou mais ainda com o rádio. Para muitos, Noel foi o grande marco. Para outros, *Casa de caboclo*, de Heckel Tavares, foi a primeira, ainda nos anos 30.

Havia as canções de carnaval e as de meio de ano.

Não nos cabe aqui contar a história da música popular brasileira.

É claro que muitos compositores sempre criaram canções (as de carnaval e as de meio de ano) e também música instrumental. Há casos como Catulo da Paixão Cearense, poeta da escola parnasiana do início do século, que letrou várias composições instrumentais de sucesso, como Choros e seus derivados, Polcas, Schottishes etc (*Bambino*, *Neném*) e Valsas de Nazareth. Em *Bambino* (*Você me dá*), Catulo homenageava a amada, pedindo-lhe um beijo, usando para tal expressões poéticas típicas da época:

"... Sua boca é um primor
Uma abelha do amor
Sou capaz de jurar
Que seu beijo há de ter
O sabor do luar...
... Sua boca cheirosa
É a essência da rosa
Mais bela e mais langue...
...O seu beijo é um licor
Dos travores do amor
Há de ter o sabor
Da antera da flor
Do seu amor..."

Podemos considerá-lo como um dos precursores da letra na canção brasileira, já que naquela época reinava a música de caráter instrumental. Havia as modinhas como *Lua branca*, de Chiquinha Gonzaga, e outras, as serestas, os batuques, os lundus, mas inegavelmente Catulo deu um certo prestígio aos primórdios da canção brasileira combinando sua erudição com a música instrumental. Ainda mais recentemente, Herminio Bello de Carvalho letrou o tango brasileiro *Escorregando*, de Ernesto Nazareth, entre poucos outros.

É de suma importância que haja casamento perfeito entre música e letra. No início dissemos que muitos são os letristas que tocam ao menos um instrumento como piano ou violão. Será que a letra foi criada primeiro? Ou foi a música? Eis uma importante questão para considerarmos. É obrigação do compositor fazer com que a letra soe musical. A letra é tão mais musical quanto da música se aproximar ou puder enriquecê-la.

É impressionante a riqueza poética de nossos letristas. A evolução através dos anos é notória.

Poesia e letra

A poesia nasceu com a música e isso é confirmado por didatas e pelos próprios poetas. Na época dos trovadores da Idade Média, por exemplo, poemas líricos eram feitos para serem cantados acompanhados por instrumentos como o alaúde e outros. Nessa época, a poesia ainda não estava separada da música.

Nem todos os poetas são letristas. Drummond é um exemplo disto: apesar de ser um dos maiores na poesia brasileira, nunca pôde ser considerado um letrista. Mesmo outros, como Ferreira Gullar, que veio, sem querer, se tornar parceiro de Caetano em *Onde andarás*, ou João Cabral de Mello Neto, que teve uma parceria com Chico Buarque. São autores que têm seus poemas musicados e não são, por isso, essencialmente letristas. Mas se não fossem musicais nunca teriam sido musicados. Há poetas, como Cecilia Meirelles e Manuel Bandeira, que mesmo depois de mortos têm um ou outro de seus poemas musicados. É o caso da parceria póstuma com Fagner (*Canteiros*), e Joyce e Caymmi, respectivamente.

Existem, portanto, hoje em dia, poesias musicais que podem ser letradas e inseridas na música popular e outras mais difíceis para tal.

Como falamos no início, quase todos os bons letristas têm que ter musicalidade. Muitos tocam violão ou piano: Vinicius, Caetano, Chico, Aldir Blanc e tantos outros. Traduzir um som em letra é uma ponte difícil. Não é para qualquer um. Portanto, a musicalidade se faz necessária.

O que é mais importante: música ou letra?

Não há como afirmar que uma é mais importante em relação à outra, pois se enriquecem mutuamente. Isso é comprovado pelos próprios compositores. Há letras que não apresentam melodias (alturas definidas), como é o caso do Rap, que mesmo assim é considerado música.

Há também letras que apresentam "scats", muito usados por Gilberto Gil em toda a sua obra e até mesmo em algumas letras de Chico Buarque, como *Pivete*, parceria com Francis Hime:

"... Olerê, olará..."

O que devemos reconsiderar é que existem composições onde é a letra que sobressai e outras onde é a música, ou ainda, o ideal, quando as duas se casam perfeitamente. Mas é impossível, da mesma forma que musicar um belo poema não musical/popular, fazer com que uma letra criada aleatoriamente, sem métrica, sem musicalidade, possa se tornar uma bela composição de caráter popular. Elementos como a métrica, a prosódia, ou seja, a musicalidade dos versos, são fundamentais.

Há letras de extrema genialidade e beleza de imagens no nosso cancioneiro. No Brasil, sem dúvida, houve uma grande evolução a partir da "época de ouro" (anos 30). Se fizermos uma pesquisa, encontraremos dezenas. Letristas com a inspiração de Vinicius, Noel, Caetano, Martinho, Gil ou Chico, só para citar alguns, são responsáveis pela qualidade de nossa canção.

A letra localizada no tempo

A letra, apesar de poder enriquecer sobremaneira uma música (melodia), não apresenta tanta flexibilidade. É claro que existem as letras atemporais, letras que não ficam obsoletas, mas muitas canções deixam de ser regravadas pela ausência de atemporalidade. Como já vimos, a música ou, como queiram, uma melodia apresenta maior flexibilidade neste caso. Há letras que marcam muito uma determinada época. Há tempos saudosos, tempos dos saraus, dos carnavais, tempos marcados pela ditadura, tempos do desbunde, que ficam registrados nas letras das músicas, sejam pelas expressões da moda como em *Tigresa*, de Caetano, que nos transporta para determinada época quando diz em sua letra: "...Ela me conta que é atriz e que trabalhou no *Hair*, com alguns homens foi feliz, com outros foi mulher. Que gostava de política em 1966, e hoje dança no Frenetic Dancing Days...", pela descrição mesmo metafórica de um determinado momento, de um personagem, de uma situação, e isso, a não ser como intuito de reportagem ou ilustração/citação de uma época, muitas vezes pode fazer perder a imortalidade de uma canção. O mesmo talvez não ocorra com as melodias ou com músicas de caráter instrumental, pois essas podem ter seu ritmo e harmonia transformados a partir do talento de um músico ou de um arranjador. Prestando atenção a isso iremos encontrar vários exemplos na MPB que usam termos de época, como *Cem mil-réis* ou *Conversa de botequim*, de Noel, quando coloca a palavra "tinteiro", pote de vidro usado para abastecer as canetas-tinteiro, o que nos remonta aos anos 40 ou 50. *Quando chegares aqui*, de Lyra e Boscoli, que usa a palavra "vitrola". Termos como "fuzuê", "malandragem", "batucada", usados pela primeira vez por Sinhô no final da década de 1920, "balangandãs", introduzido por Caymmi, ainda nos anos 50, só para citar alguns, situam o ouvinte totalmente numa época determinada. Ao mesmo tempo, têm a capacidade assim como uma melodia ou, principalmente, uma harmonia, de nos transportar para as devidas épocas. Basicamente o "tu" era usado em tempos antigos, e "você", mais recentemente, ou até mesmo "voxê" (Jorge Benjor). Mas isso não nos proíbe de usar um ou outro pronome como "tu" quando se quer um efeito poético especial como muitas vezes é encontrado nas letras de Vinicius, da mesma forma que Catulo no início do século usou "você" para a letra de *Bambino*.

Segundo o letrista Abel Silva, a maneira de se referir à amada pode ser um exemplo do que falamos: "querida", por Tom ou Cartola, "amada", muito utilizado por Vinicius, "bem", por muitos autores de Samba-canção ou até mesmo Rita Lee, "senhora", por alguns compositores do Nordeste, "baby", pelos roqueiros, "broto" ou "gata" pela Jovem Guarda, "princesa", "mina" etc.

E a Bossa Nova não era chamada de estilo do amor, do sorriso e da flor, típico da classe média da geração do final da década de 1950 na zona sul do Rio?

Exercício: Enumere alguns exemplos característicos conforme o colocado acima.

Títulos

Trocadilhos e citações podem ser títulos de canções como *Paisagem útil*, de Caetano, ou *Preciso aprender a só ser*, de Gil. Trocadilhos com *Inútil paisagem*, de Tom, e *Preciso aprender a ser só*, de Marcos e Paulo Sergio Valle.

Forma

A forma da letra está muito ligada à da música ou vice-versa. Mais comum é a primeira hipótese. É comum letristas se referirem a diferentes partes da letra usando a mesma terminologia dos músicos: A - B - A - refrão etc. E não, principalmente, estribilho, estrofe. Às vezes, no entanto, enquanto que para o melodista existe A - A (duas partes iguais principalmente na melodia, podendo haver pequenas alterações na harmonia), para o letrista pode ser A1 - A2 - A3, ou A - A'. Nesse ponto, não há dúvida, há muito mais trabalho para o letrista. Quantas canções repetem uma mesma melodia (parte/estrofe), enquanto a letra é a cada vez diferente? Às vezes repete dois ou mais versos ao voltar ao A, mas em B já é novamente outra, apresentando outros versos.

Exercício: Enumere alguns exemplos característicos conforme o colocado acima. Exemplifique músicas onde a parte musical se repete enquanto outros versos são inseridos.

Sonoridade

Essa é uma questão importantíssima ao considerarmos uma letra. Apesar de ser negado por alguns de nós, a palavra e o som brasileiros são de tremenda musicalidade. Os outros que o digam...

No entanto, às vezes a sonoridade dos versos pode tornar a letra menos ou mais musical. Vamos considerar um exemplo só para dar uma idéia. Sabemos que em *Garota de Ipanema*, depois de duas tentativas chegou-se à versão final da letra. É importante notar o suingue conseguido pelos versos:

"Olha que coisa mais linda
mais cheia de graça
É ela, menina,
Que vem e que passa
Num doce balanço
A caminho do mar"

Temos a impressão de que as palavras "olha", "que", "graça", "passa", dão o suingue, enquanto que "doce balanço" é a própria essência da Bossa Nova. "A caminho do mar" afirma a filosofia sensual da garota.

Aliás, Vinicius, como afirmaram Carlos Lyra e Tom, tinha uma grande musicalidade e sensibilidade aliadas a uma vastíssima cultura, o que facilitava em muito seu desempenho como letrista.

Podemos chamar o letrista Vinicius de Moraes de "O rei da musicalidade"

Outro exemplo de suingue em letra usando a conjunção "que":

De Geraldo Pereira (anos 30/40)
Falsa baiana
"...Baiana é aquela
Que entra no Samba

de qualquer maneira
Que mexe, remexe
Dá nó nas cadeiras
E deixa a moçada com água na boca..."

Ainda temos outros como *Mulata assanhada*, de Ataulfo Alves:

"...Que passa com graça..."

Será que Vinicius se inspirou em Ataulfo, tamanha a semelhança?

É muito comum haver ajustes por causa da sonoridade das palavras em relação à melodia ou ao clima da mesma.

Exercício: Enumere alguns exemplos característicos conforme o colocado acima. Ou seja, letras ou trechos que apresentam casamento perfeito com a música.

Clima

É importante, assim como fazia Vinicius, que se consiga através de uma letra não necessariamente passar o clima que o compositor (melodista) preestabeleceu, mas, sim, encontrar o clima da letra. Um exemplo típico seria *Samba de uma nota só*, de Tom Jobim e Newton Mendonça.

Um acorde, um trecho melódico, como vimos no princípio, pode sugerir o som de uma palavra que desencadeia uma idéia. Para tanto, sendo o letrista um artista que possui musicalidade, fica cantarolando a melodia por muitas vezes, até que pode surgir esse clima traduzido em palavras. É uma questão não muito fácil de explicar para um leigo. É preciso que se esteja na área da música para se entender melhor o que estamos comentando. Por exemplo, em *Deixa*, de Baden e Vinicius, temos a impressão de que não havia palavra como a própria "Deixa" que se encaixaria melhor para o motivo melódico inicial de duas notas que aparece algumas vezes durante a música.

Olê, olá, de Chico Buarque:

"... Não chore ainda não
Que eu tenho um violão
E nós vamos cantar..."

apresenta na letra uma tradução perfeita da melodia.

Jura secreta, de Sueli Costa e Abel Silva:

"...Só uma palavra me devora..."

também é um belo exemplo de musicalidade.

Exercício: Enumere alguns exemplos característicos conforme o colocado acima.

Imagens

Tanto os poetas quanto os essencialmente letristas conseguem, assim como o "melodista" através de imagens colocadas nos seus versos, transportar-nos para um clima qualquer. Na verdade, eles conseguem dizer o que gostaríamos mas não somos capazes. E essa tradução do que sentimos é o que nos emociona.

Riqueza de imagens colocadas através de palavras e expressões são fartas na MPB.

Eis alguns exemplos geniais:

Paulinho da Viola, na letra em que descreve um desfile de sua escola de samba, Portela, depois de dar um show de letra, finaliza, em *Foi um rio que passou em minha vida* com:

"...Foi um rio que passou em minha vida
E meu coração se deixou levar..."

Gil:
em *Ela*
"...mãe dos meus filhos
ilhas de amor..."

Palco
"...minha alma cheira a talco
como bumbum de bebê..."

Toda saudade
"...Toda saudade
É a presença da ausência..."

Caetano e Gil:
Beira-mar
"...Na terra em que o mar não bate
Não bate o meu coração..."

Caetano:
A tua presença morena
"... A tua presença transborda pelas portas e janelas
A tua presença silencia os automóveis e motocicletas
A tua presença no campo derrubando as cercas
A tua presença é tudo..."

Chico:
em *Cálice*
"... afasta de mim esse cálice
de vinho tinto de sangue..."

Bastidores, Eu te amo, Beatriz, Até pensei, Trocando em miúdos e tantas outras. Chico e Caetano, os "reis da imagem".

Vocabulário

Uma das premissas para se ser um grande letrista é ter um grande vocabulário. Desde os cantadores de improviso aos autênticos pagodeiros, como Zeca Pagodinho, passando por tantos outros gênios da letra brasileira, como os baianos, é inegável essa constatação.

Como vimos anteriormente, alguns letristas lançam mão de recursos como dicionário de rimas, enciclopédias, livros em geral e tudo enfim que possa facilitar a sua expressão. Mas vocabulário não se adquire somente em livros. Algumas pessoas o possuem naturalmente por erudição e mesmo os não-letrados têm vocabulário próprio, mesmo usando gírias ou expressões típicas de uma cultura qualquer. E não deixam de ser geniais por isso. Tampouco os outros, os letrados, deixam de fazer sucesso por usar palavras mais sofisticadas (Chico, Vinicius, Caetano, Gil e tantos outros). Quanta genialidade existe nos nossos letristas! Sejam ou não sambistas ou cantadores do Nordeste?! E quando o vocabulário existente não é suficiente, criam novas palavras, verbos e expressões.

Gil:
O sonho acabou
"...Hoje quando o céu foi <u>demanhando</u>
<u>Dessolvindo</u> vindo dissolvendo

a noite na boca do dia..."

Funk-se quem puder
"...Chegue mais próximo
Sambe e <u>roque-role</u> o máximo..."

Ou em *Extra*
"...abra-se cadabra-se o temor"

Djavan:
Sina
"...Como querer <u>caetanear</u> o que há de bom..."
Exercício: Enumere alguns exemplos característicos conforme o colocado acima.

Rima

Desde pequenos estamos acostumados a ouvir e a criar versos com rimas. A rima faz parte de músicas infantis, canções de ninar, cantigas de roda, folclore e vai até outros tipos de música e poesia, mesmo as mais sofisticadas. No entanto não é necessário que uma letra tenha rimas só nos finais dos versos. Existem rimas por dentro destes, e existem letras onde não encontramos sequer uma rima. É claro que dependerá do tipo de canção. Ou melhor, da intenção do autor. Trata-se portanto de uma questão até certo ponto subjetiva. Geralmente os poetas e os letristas possuem bastante técnica no uso das rimas.

Partindo-se do princípio de que a poesia nasceu agregada à música, podemos dizer que a rima é um dos elementos musicais da poesia e, por conseguinte, da letra. O fato de encontrarmos melodias com ritmo e com forma (parte A que se repete, parte B, parte C) faz-nos criar esta analogia e aproximação. Métricas que se repetem, versos que rimam. Os acentos musicais encontram certa similaridade e aproximação com as letras rimadas. A poesia clássica ajudou na divulgação de lendas e da história, pois sempre foi escrita em rimas. As rimas facilitam a memorização de uma história bem como ajuda-nos a entender uma mensagem qualquer. É muito utilizada, por isso, em "jingles" comerciais. Ela é tão musical que às vezes a falta de uma rima esperada pode nos decepcionar. Portanto, é uma técnica de grande força em letras de música. Podemos afirmar que o uso da rima dá certo peso ao nosso pensamento, dá um contorno à melodia, cria um efeito musical com palavras que possuem sonoridade semelhante. Para rimarmos, as palavras têm que ter finalização vogal semelhante, o que não acontece em relação às consoantes. Exemplos com rimas:

Rima rica e rima pobre

Rimas pobres são as mais comuns com finalizações em <u>ão</u>, <u>ar</u>, <u>al</u> etc. Já a rima rica é mais sutil:

Chico:
Beatriz
"...A casa da <u>atriz</u>
Se ela mora num arranha-céu
E se as paredes são de <u>giz</u>..."

As vitrines
"...Passas sem ver teu vigia
Catando a poesia
Que entornas no chão..."

A história de Lilly Braun, com Edu
"... Como num romance
o homem dos meus sonhos
Me apareceu no dancing..."

Pivete, com Francis Hime
"...Meio se maloca
Agita uma boca
Decola uma mutuca..."

Gil:
Aquele abraço
"... O Rio de Janeiro, fevereiro e março
Aquele abraço
Buzinando a moça
E comandando a massa..."

Domingo no parque
"...Sumiu
Na Boca do Rio..."

Ausência de rima: muitos letristas não se importam em usar. Fernando Brandt, parceiro de Milton, quase nunca usa. E isso acontece com inúmeras canções.

Rima idêntica:
(exemplo com efeito diminutivo)
Azul, de Djavan:
"...Até o sol nascer amarelinho
Queimando mansinho
Cedinho, cedinho..
...Corre e vai dizer pro meu benzinho
Hum, dizer assim: o amor é azulzinho..."

Rima de papel:
Varia de acordo com a pronúncia de cada região. Às vezes funcionam no papel, mas não na pronúncia. Ou vice-versa.
Caetano:
O nome da cidade
"...Ô ô ô ê boi
eh bus..." (*bus* em inglês tem pronúncia similar a bois, plural de boi)

Gil:
Deixar você
"...Pra que mentir e (i)
Fingir que o horizonte
Termina ali defronte
E a ponte acaba aqui..."
(as sílabas e e aqui, apesar de conterem vogais diferentes, têm o mesmo som. Por isso, rimam.

Rima de efeito sonoro:
De Noel e Silvio Caldas:
Cabrocha do Rocha (rimas usando palavras terminadas em x e ch)
"...Eu tenho uma cabrocha
Que mora no Rocha e não relaxa
Sei que ela joga no bicho
Que dança maxixe
Que dá bolacha
Tem um filho macho
Com cara de tacho
E além disso é coxo
Ele me faz de capacho
Qualquer dia eu racho
Esse carneiro mocho..."

Rimas falsas ou imperfeitas:
Temos grandes exemplos tanto num como em outro tipo. Rimas imperfeitas (ousadas) não eram parte do repertório de letristas de antigamente. Hoje em dia, porém, letristas conseguem efeitos incríveis e de grande sabedoria com rimas imperfeitas.
Gil rimando *Reggae* com *escorregue*, ou *carregue*.

Rimas oxítonas, paroxítonas e proparoxítonas:
Rimas oxítonas (terminações musicais masculinas) têm seu acento na última sílaba. Não importa a consoante que antecede as ditas vogais. Exemplos existem aos montes: Rimas em ão, ar, or etc.
Rimas paroxítonas (terminações musicais femininas) são as encontradas na penúltima sílaba. Também fartamente encontradas em letras.
Eis um exemplo com *Anos dourados*, de Tom e Chico:
"Parece bolero
Te quero
Te quero..."
Já a rima proparoxítona é mais raramente encontrada. Temos exemplos geniais na MPB, como:
Gil:
Funk-se quem puder
"...Conclama os físicos
Os místicos
Os bárbaros pacíficos
Indios e caras-pálidas
Nossos exércitos, políticos..."

Caetano em *Meu bem, meu mal*
"...Meu bálsamo benigno
Meu signo..."

Construção, de Chico Buarque, apesar de não ser um exemplo de rima com proparoxítonas, apresenta um jogo de palavras de extrema genialidade usando proparoxítonas e ao mesmo tempo com rimas internas. Poderia estar enquadrada em rimas de efeito.

Rimas internas:
É um tipo que exige muita perícia para se conseguir resultados geniais.
Gil:
Refavela
"...Mar<u>fim</u> da costa de uma Nig<u>éria</u>
Mis<u>éria</u>, roupa de cet<u>im</u>..."

Chico em *Trocando em miúdos*
"... Aquela <u>esperança</u> de tudo se ajeitar
Pode esquecer
Aquela <u>aliança</u>, você pode empenhar
Ou derreter..."

Onde rimar
Não há regras. Em geral no final dos versos. Às vezes dentro destes, como vimos acima. No entanto, a genialidade está no inesperado.

Observemos algumas rimas geniais da música popular brasileira. É importante notar onde se encontram as rimas.

Exercício: Enumere alguns exemplos característicos conforme o colocado acima. Pesquise-os em compositores de diferentes épocas.

Jogo de palavras
É também uma técnica muito usada por alguns letristas. Podemos notar muitos exemplos nas letras de Gilberto Gil. Aliás, Gil pode ser considerado o "rei do jogo de palavras".

Drão
"...Nossa caminha dura
Dura caminhada
Pela estrada escura..."

Meio de campo
"...Aperfeiçoando o imperfeito...
Que a perfeição é uma meta
Defendida pelo goleiro
Que joga na seleção
E eu não sou Pelé nem nada
Se muito for, eu sou o Tostão..."

Pétala, de Djavan:
"...O seu amor reluz que nem riqueza
Asa do meu destino
Clareza do tino
Pétala de estrela caindo bem devagar..."

Exercício: Enumere alguns exemplos característicos conforme o colocado acima.

Associações e metáforas
É muito comum o uso de associações de palavras usando "assim como" ou como se fosse", como em *Construção*, de Chico Buarque. A metáfora, também muito usada em música, tem mais um sentido de comparação exagerada. É o sentido figurado. Uma analogia.

Para Noel, a cidade enquanto comunidade era metaforizada no bairro, com destaque para

Vila Isabel. Isso aparece claramente em várias de suas composições.

O próprio Gil verseja sobre o assunto em *Metáfora* e diz:

"...Uma meta existe para ser um alvo
Mas quando o poeta diz: meta
Pode estar querendo dizer o inatingível..."

De Chico: *A Rita, Apesar de você, Homenagem ao malandro.*

De Caetano:
Alegria, alegria:
"...O Sol se reparte em crimes
Espaçonaves, guerrilhas
Em Cardinales..."
(*O Sol* era um tablóide dos anos 60)

Exercício: Enumere alguns exemplos característicos conforme o colocado acima.

Usando a mesma palavra para começar cada frase (anáfora).

Exemplo:
Chico:
Imagina só
"... Imagina só
Que eu desde pequena
Provava um bocado da tua merenda
Imagina só
Que eu sou da tua sala
Carregas meu livros
E eu te passo cola
Imagina só
Que eu..."

E se, com Francis Hime:
"...E se o oceano incendiar
E se cair neve no sertão
E se o urubu cocorocar
E se o Botafogo for campeão
E se
E se..."

Exercício: Enumere alguns exemplos característicos conforme o colocado acima.

Onomatopéia

Trata-se do uso de palavras que imitam sons.

Djavan em Açaí:
"...Açaí guardiã
Zum de besouro, um imã.."

Exercício: Enumere alguns exemplos característicos conforme o colocado acima.

Palavras antimusicais

Existem palavras que, a princípio, não soam musicais. As proparoxítonas poderiam ser um exemplo. Mas, mesmo assim, compositores geniais conseguem efeitos interessantíssimos.

Chico:
Vai passar
"...Vai passar
Nessa avenida um samba popular
Cada paralelepípedo..."

Bárbara
"...Maravilhosa e transbordante
Feito uma hemorragia..."
A maneira como o "grande Chico" coloca a palavra "aliás", em *Trocando em miúdos*, em combinação com a melodia:
"...Meu peito tão dilacerado
Aliás..."
Exercício: Procure exemplos conforme os colocados acima.

Sobra de sílabas
É muito comum, quando a letra é feita depois da música, que haja sobras de sílabas. Às vezes pode afetar a escrita musical, bem como quebrar o ritmo musical. Com técnica, um letrista poderá deixar que isso ocorra. No entanto a letra não deverá ser sacrificada por este motivo. Muitos exemplos são encontrados na MPB. Nas músicas de Noel (que é considerado marco literário na canção brasileira e o primeiro letrista modernista da MPB) é bem freqüente. Isso faz com que a partitura possa apresentar algumas alterações nas repetições de uma parte (A ou B) da música.
Exercício: Localize sobras de sílabas em composições de outros autores.

Acentuando corretamente (prosódia)
É sempre importante considerar que uma melodia, assim como uma letra, possuem seus acentos. O entrosamento perfeito faz-se necessário. Isso evita as "barbeiragens" na letra. Compositores geniais, no entanto, sabem tirar partido dessa acentuação incorreta. Chico Buarque, por exemplo, apresenta prosódia irregular em composições de grande sucesso, como *Eu te amo*, *Samba do grande amor*, entre outras. É mais fácil detectarmos acentuações erradas (desentrosadas) do que as corretas. Estas não nos incomodam. Alguns exemplos:
Ari Barroso e Luis Peixoto:
Na batucada da vida
"...E cabe bem direitinho..."
No verso acima a acentuação cai em ca<u>be</u>. O resultado dessa acentuação soa: "e ca<u>bi</u> bem diretinho".

Gil:
Domingo no parque
"...A rosa e o sorvete..."
Na expressão acima a acentuação cai em <u>sa</u>. O resultado é que a palavra <u>rosa</u> soa como <u>rosá</u>.

Caetano, em *Odara*:
"...Deixa eu cantar
Pro meu corpo ficar odara..."
A palavra cantar, em combinação com a acentuação musical, soa como <u>cântar</u>.
Exercício: Enumere exemplos semelhantes.

Frases ou expressões oriundas de músicas que viraram expressões do povo.
Exemplo:
O samba da minha terra (Caymmi)
"Quem não gosta de Samba
Bom sujeito não é
É ruim da cabeça
Ou doente do pé..."

Caetano: *Alegria, alegria*
"...sem lenço e sem documento..."

Feitiço da Vila, de Vadico e Noel :
"...São Paulo dá café, Minas dá leite
E a Vila Isabel dá samba..."

Feitio de oração, de Vadico e Noel:
"...Ninguém aprende samba no colégio..."
Exercício: Enumere exemplos similares. Localize outras expressões oriundas das canções.

Palavras, frases ou expressões usadas popularmente e inseridas em música popular:
Rita Lee e Roberto de Carvalho:
Alô, alô, marciano
"...O ser humano está na maior fissura
Porque está cada vez mais down
The high society...
...A crise está virando zona
Cada um por si e todo mundo na lona..."

Ataulfo Alves, em *Amélia*
"...Amélia que era mulher de verdade..." (referindo-se à mulher sofredora e servil ao marido)

Gil:
Andar com fé
"A fé não costuma faiá..."

Chico:
A violetra
"...Pra mode economizar..."

Eco
Efeito muito usado por letristas e que é, às vezes, aproveitado pelos "backing vocalistas". Podemos apresentar alguns exemplos:
Caetano:
Alegria, alegria
"...Por que não, por que não..."

Gil:
Vamos fugir

"...Irajá, Irajá
Guaporé, Guaporé
Céu azul, céu azul..."

Louvação
"...Vou fazer a louvação
Louvação, louvação..."
Exercício: Localize outros.
Observação: Podemos lembrar do cantor de grande sucesso Miltinho, lançado por Djalma Ferreira e seu conjunto na boate Drink, no Rio, e que criava o efeito eco repetindo palavras como em *Se acaso você chegasse*, de Lupicinio Rodrigues e Felisberto Martins:
"...Se acaso você chegasse
E no meu chatô encontrasse
Aquela mulher, <u>mulher</u>
Que você amou..."

Efeito: empurrando as palavras
Também muito usado por Gilberto Gil:
Back in Bahia
"...Vez em <u>quando</u>
<u>Quando</u> me sentia longe...
Digo num baú de <u>prata</u>
Porque <u>prata</u> é a luz do <u>luar</u>
Do <u>luar</u> que tanta falta me fazia junto do <u>mar</u>
<u>Mar</u> da Bahia..."
Exercício: Localize exemplos semelhantes.

Terminologia musical usada em letras
Podemos encontrar exemplos em
Samba de uma nota só, de Tom e Newton Mendonça:
"Eis aqui este sambinha
Feito numa nota só
Outras notas vão entrar
Mas a base é uma só..."

Desafinado, de Tom e Newton Mendonça:
"Se você disser que eu desafino amor...
Só privilegiados têm ouvido igual ao seu..."

Seduzir de Djavan:
"Amar é perder o tom
nas comas da ilusão..."
(um tom é dividido em nove comas)

Feitio de oração, de Noel:
"...Minha morena pra cantar com satisfação
E com harmonia, esta triste melodia
Que é meu samba em feitio de oração..."
Exercício: Localize outros exemplos de uso com terminologia musical em letras.

Palavras usadas com intuito de rimar e que acabam surtindo efeito interessante

Os letristas, com intuito de rimar, usam frases que não fazem sentido na história. Mas esse non-sense pode criar um clima musical interessante.

Gil:
Aqui e agora
"...Aqui onde a cor é cl<u>ara</u>
Agora que é tudo <u>escuro</u>
<u>Viver em Guadalajara</u>
<u>Dentro de um figo maduro</u>..."
Exercício: Localize outros.

Licenças poéticas

Eis uma questão também abordada na poesia que propicia "erros" de gramática, por exemplo, em prol da inspiração. Muito comum encontrarmos esses ditos erros em composições dos menos letrados. Mesmo os mais letrados, como Ronaldo Boscoli, um dos grandes letristas da Bossa Nova, podem, às vezes, fazer uso das ditas licenças.

A volta, de Menescal e Boscoli:
"...Quero que você me cale
Que <u>você</u> me fale
Quando eu <u>te</u>..."
Exercício: Localize outros exemplos com licenças poéticas.

Palavras regionalistas

Muito usadas por compositores do Nordeste como, por exemplo, Luiz Gonzaga e, mais recentemente, Alceu Valença.

Um desfile de frutas típicas do Nordeste para ilustrar a beleza da mulher em *Morena tropicana*, de Alceu Valença:

"Da manga-rosa quero o gosto e o sumo
Melão maduro, sapoti, juá
Jabuticaba teu olhar noturno
Beijo travoso de umbu-cajá
Pele macia, carne de caju
Saliva doce doce mel de uruçu
Linda morena fruta de vez "temporana"...
Morena tropicana
Eu quero o teu sabor..."
Exercício: Localize outros exemplos com utilização de termos regionais.

Temáticas preferidas dos letristas:

Se fizermos uma pesquisa, encontraremos facilmente as temáticas preferidas de nossos letristas compositores:

Caymmi: O mar, com suas paisagens, seus personagens, mulher
Maysa ou Dolores Duran: Fossa (dor-de-cotovelo):
"...Ai, a rua escura, o vento frio
Esta saudade, este vazio
Esta vontade de chorar..."
Rock Brasil: Crítica ao consumismo, ao país, "eu quero é estar bem, quero namorar" (Renato Russo)

Há os letristas plurais, que versejam bem, variando os assuntos. Uns variam entre três ou mais temas. Outros vão um pouco mais adiante. Um exemplo claro de pluralidade foi Vinicius de Moraes, cujos temas podiam ser os mais variados possíveis:

Foi bossa-novista típico com Tom
Lírico com Carlos Lyra
Afro-samba com Baden
Sambão com Toquinho

Deu receitas de vida, *Para viver um grande amor*, descreveu a namorada ideal *Minha namorada*, foi feminista em *Maria Moita*. Foi isso tudo e muito mais.

Exercício: Descubra por você mesmo quais são os temas preferidos abordados por compositores diversos.

Criando personagens

Muitas vezes recorre-se a personagens típicos para desenvolvermos uma idéia: *Pierrô e colombina* (personagens carnavalescos), *João e José, Domingo no parque*, um dos marcos do Tropicalismo, *Jeca total*, personagens imaginários criados por Jorge Benjor, como em *Charles anjo 45* etc.

Exercício: Descubra por você mesmo personagens inventados para letras de canções brasileiras.

Assunto/originalidade

Seja ele o amor em suas diferentes formas, religião com seus diversos deuses e entidades, despedida/separação, como em *Drão* ou *Deixar você*, de Gil, autobiográfico, o desespero de uma geração encontrado em várias letras de Cazuza, homenagem a pessoas, coisas e lugares, lugar (descrevendo, lembrando, homenageando (a Bahia e o Rio são cidades super-homenageadas), festejos juninos ou de Natal), carnaval, um pensamento político, inconformismo social, uma postura, funk, por exemplo, uma filosofia ("...Sambar é chorar de alegria, é sorrir de nostalgia dentro da melodia... "). Não é necessário que se diga que a originalidade, a sensibilidade e o saber estão intimamente ligados e são uma regra para ser abordada. Seja qual for o assunto, o letrista tem que, primeiramente, ser autêntico. Os nossos sambistas, como Nelson Cavaquinho, Cartola, Martinho da Vila, Zeca Pagodinho, Nei Lopes, Beto Sem Braço, só para enumerar alguns, são exemplos de autenticidade. Mas há Jorge Benjor, a turma da Jovem Guarda, principalmente em sua fase inicial, os cearenses, como Fausto Nilo, Fagner etc., e tantos outros já citados.

Há temas inusitados colocados de forma genial em muitas canções.

Há os mais líricos, os mais repórteres, os trovadores, os satíricos, os participantes, os ecologistas...

Noel era, entre outras coisas, um grande cronista urbano em suas letras.

A Jovem Guarda, no início, mesmo tendo apresentado músicas com letras com temas infantis, como *Festa do Bolinha* e outras, apresentava um grande inconformismo da versão brasileira da geração James Dean/Elvis etc., com músicas, principalmente as de Roberto e Erasmo Carlos, como *É proibido fumar, Calhambeque, Se você pensa, A estrada de Santos, Que tudo mais vá pro inferno*. Depois tornaram-se mais românticos, líricos, com temas que incluíam o *Amigo*, e canções como *Detalhes, Sentado à beira do caminho*, além de homenagens cristãs como *Jesus Cristo* e outras.

Há os que conseguem se colocar no lugar do sexo oposto: Chico, *Com açúcar, com afeto, Bárbara* e tantas outras, e Caetano, *Esse cara* etc.

Há os letristas e os compositores comerciais que "topam tudo".

Exercício: Localize assuntos diferentes apresentados em nosso cancioneiro.

Pseudônimo

Era muito comum compositores/letristas usarem pseudônimos. Chico Buarque, na época da censura, chegou a usar o pseudônimo "Julinho da Adelaide" para tentar fugir da perseguição. Jorge Ben mudou seu nome para Jorge Benjor para não ser confundido com George Benson. Compositores da antiga, como J. B. da Silva (Sinhô) e outros, também muito comumente usavam pseudônimos.

Exercício: Pesquise outros pseudônimos usados entre os nossos compositores e letristas.

Dicas gerais
O domínio de um assunto no qual vai se escrever

Assim como na parte musical o compositor pode, pela técnica, entrar num estilo com mais facilidade, o letrista também possui essa mesma possibilidade. A forma de cada um interpretar um assunto pode transcender a técnica. O artista tem que estar em sintonia com o seu tempo, é claro, mas, principalmente, tem que estar em sintonia com a inspiração.

Vinicius era, como há pouco comentamos, um letrista que tinha uma pluralidade quase sem limite. Além da sensibilidade musical, pôde trazer para a forma popular uma vasta erudição, como ocorreu, entre outras tarefas, ao adaptar o clássico da tragédia *Orfeu* para um ambiente da favela: *Orfeu da Conceição*.

É importante cultura, mas no sentido amplo. Não só a cultura adquirida em livros, mas também a adquirida na vida e no meio em que vivemos. Há o "background" cultural que transparece nos diferentes estilos musicais. Há a <u>cultura do samba</u> com toda sua ginga, a <u>cultura rock, a cultura funk, a blues... e muitas outras</u>. Com este conceito, um autêntico sambista como Martinho da Vila ou um pagodeiro como Zeca Pagodinho possuem uma cultura vastíssima.

Roteiro/método para se criar

Cada letrista possui seus macetes. Não há uma regra para tal. Porém algumas possibilidades podem ser abordadas.

Caso a música (melodia e harmonia) já venha pronta, antes de começar a letrar uma canção cante várias vezes a melodia para captar o clima. Uma frase musical, não necessariamente a inicial, pode induzir a uma palavra que induzirá a uma frase e a toda a letra. Observe como é importante para o letrista ter musicalidade.

Um sambão pode ter sabor de roda de samba, cerveja, malandragem, futebol, mulata, morro, carnaval etc. Uma melodia e uma harmonia sofisticadas podem sugerir uma letra com imagens igualmente sofisticadas. Uma valsa antiga transporta-nos a um cenário antigo. No entanto, pode ser que "...o inesperado faça uma surpresa...", como disse Johnny Alf em *Eu e a brisa*, ou seja, a genialidade de cada um é o algo a mais que o letrista pode nos proporcionar. Portanto, a coisa não é tão óbvia assim.

Antes de dar por finalizada uma letra, leia-a em voz alta ou cante-a, pois pode-se detectar o que ainda não está perfeito e aí, então, consertá-la. Há sempre as "palavras ou sílabas não-musicais". Pesquise songbooks dos grandes autores para analisar suas letras, sua musicalidade, suas rimas, métrica etc. Procure, se possível, adquirir mesmo alguns songbooks estrangeiros, pois você poderá encontrar muita genialidade em autores como John Lennon, Cole Porter, Ira Gershwin e os mais contemporâneos. Há os letristas que usam dicionários de rimas ou mesmo enciclopédias. O dicionário não só ajuda a encontrar rimas, como também abre a nossa mente para encaminharmos um pensamento através de palavras. Esteja atualizado: leia os jornais, converse com pessoas que estão "por dentro" do que está acontecendo.

Herbert Vianna, dos Paralamas do Sucesso, declarou que "o letrista tem que estar na fossa para escrever com profundidade, e tem que estar numa boa para escrever canções de caráter social". Será? Suas letras às vezes eram tão complexas que não dava para encaixar a melodia. Por vezes, assim declarou a Leoni, "tive que enxugar". Esse problema acontece muito quando se começa pela letra. Mas lembremos que podemos trabalhar as duas simultaneamente como fazem muitos compositores.

Os Titãs, que às vezes beiram o Concretismo, compunham algumas de suas músicas com música e letra em conjunto, com cada um de seus componentes fazendo um pedacinho.

Renato Russo, crítico do consumismo, do país, reuniu vários personagens em *Eduardo e Mônica*. Afirma que, para ele, "é mais fácil complicar porque as pessoas podem não entender, mas pelo menos vão achar que é bom...".

Para Nando Reis (Titãs), "letra e música são uma coisa só".

Cazuza, rotulado de roqueiro, mas que sofreu influência de Dalva de Oliveira, Cartola, Lupicínio Rodrigues e Janis Joplin, declarava que seu método era totalmente desorganizado. Quando, no entanto, a inspiração vinha, levava-a a sério. Se a idéia não "pintasse", puxava por ela até acontecer. Se começasse uma letra, ela tinha que sair. Muitas vezes fazia primeiro a letra e aí mandava para o parceiro, como em *Exagerado*, a qual mandou para Leoni do Kid Abelha. Eram trinta versos que depois foram enxugados.

Já a maioria dos sambistas, como falamos anteriormente, faz música e letra. É muito comum cada parceiro fazer um pedaço da música: um faz a primeira parte e o outro, a segunda.

Muitos letristas fazem "letras monstros" provisórias, só para ajudar na acentuação. Aliás, essa é também uma forma de o melodista se comunicar com o letrista durante o momento da criação.

Gancho

É importante "vender o peixe" logo de cara. Isso poderá ser feito de várias maneiras: uma frase diferente, que chame a atenção:

"Quem acha vive se perdendo
Por isso agora eu vou me defendendo
Da dor tão cruel de uma paixão..." Noel Rosa (*Feitio de oração*).

Esquinas, de Djavan:
"Só eu sei..."
Essa expressão soou tão musical que na versão em inglês ficou "So you say...", que tem sonoridade bem semelhante à expressão original.

Você tem numa canção um curto tempo para passar sua mensagem, portanto não perca tempo.

As diferentes escolas literárias brasileiras na área da música

Anos 20: o uso excessivo de adjetivos (Catulo). Exemplo: *Bambino*.

Anos 30 (a chamada "época de ouro", que marca o início do Modernismo na canção brasileira): Noel Rosa é um marco.

Anos 40 (o apogeu do Samba e do carnaval, entre outras):
O Samba (Cartola, Nelson Cavaquinho, Paulinho da Viola, Ataulfo Alves e outros)
O Samba-enredo
Samba-canção (Maysa, Tito Madi, Dolores Duran)
Anos 50/60: Bossa Nova (Vinicius, Ronaldo Boscoli...)
Canções de protesto (Geraldo Vandré, Torquato Neto, Chico Buarque)
Tropicalismo (a influência de Mário de Andrade)
Festivais
Jovem Guarda

Jorge Benjor
A fase MPB/Pop (anos 70)
Anos 70: a reafirmação da MPB com Caetano, Gil, Djavan
Anos 80: o Rock Brasil
Anos 90: passando tudo a limpo
O que está por vir?

Capítulo VI
ESTILOS

São tantos os estilos em música popular que se torna tarefa quase impossível colocá-los todos neste livro. Se considerarmos as possíveis fusões estilísticas de hoje em dia, então os limites são bem mais inatingíveis.

Devemos considerar como estilo as características melódicas, rítmicas, harmônicas, literárias e fraseológicas inerentes a um compositor.

Há também os estilos musicais que se referem à cultura local, época, moda e situações típicas.

Existem compositores que se tornam famosos por terem feito sucesso em determinado estilo musical e passam então a ser rotulados, como Luiz Gonzaga, que recebeu o título de "o rei do Baião".

Não é nossa intenção descrever cada estilo em música, mas apresentaremos características gerais de alguns, o que poderá servir até mesmo como material de consulta a partir dos elementos mencionados acima. No entanto é importantíssimo que o compositor faça-o por si, desenvolvendo sua sensibilidade artística.

Devemos observar que não só a melodia, como também a harmonia, a letra, enfim, tudo pode dar uma pitada típica de um outro estilo. Por exemplo, uma frase de Blues numa Bossa Nova (*A felicidade*). Um acorde Bossa Nova num Blues (*Se eu quiser falar com Deus*).

Estilos brasileiros
Bossa Nova
melodia: sofisticada, principalmente no que tange à sua combinação com a harmonia.

letra: geralmente de caráter leve, romântica, coloquial, às vezes até mesmo infantil, contando a realidade da geração classe média dos anos 50 e 60 da zona sul do Rio de Janeiro.

ritmo: samba simplificado (suave), muitas vezes apresentando andamento mais lento.

harmonia: sofisticada, com certa influência jazzística e dos compositores impressionistas (Ravel, Debussy).

fraseado: típico e melancólico, suave, de origem na classe média carioca com certa influência jazzística dos anos 50. Segundo Carlos Lyra, um de seus maiores expoentes, Bossa Nova não é somente Samba com harmonia sofisticada. Uma modinha e uma marcha-rancho, por exemplo, também podem ser enquadradas.

material sugerido para consulta: discos de João Gilberto, Tom Jobim, Carlos Lyra, Roberto Menescal, entre outros.

Choro
melodia: geralmente de ritmo bem ativo e muito sofisticada no que se refere ao movimento.

ritmo: andamento de médio a ligeiro, baseado em células oriundas do Maxixe e Lundu

harmonia: predominância de tétrades apresentando certos clichês harmônicos, alguns até mesmo influenciados pela música erudita.

fraseado: típico, virtuoso, na maioria das vezes instrumental propiciando improvisações, sem apresentar muita tensão harmônica.

material sugerido para consulta: discos e partituras de Pixinguinha, Jacob do Bandolim, Anacleto de Medeiros, Paulo Moura, Rafael Rabello, Ernesto Nazareth, entre outros.

estilos derivados e afins: Polca, Tango brasileiro, maxixe.

Samba (estendido ao Samba de breque, Samba-de-roda etc.)

É um dos estilos que melhor representam a alma carioca. Entretanto, alguns atribuem sua origem como tendo sido da Bahia.

melodia: simples e sincopada. (É difícil encontrarmos um compasso em que não haja ao menos uma síncope rítmica.)

harmonia: depende da forma (estilo) de Samba. Se considerarmos a Bossa Nova ou o Samba-jazz como derivados, podemos encontrar harmonias bem sofisticadas. Porém, na maioria, apresenta caminhos diatônicos com certa simplicidade, apesar de encontrarmos modulações.

fraseado: é a essência do povo carioca. Tem tudo a ver com o seu gingado, forma de cantar e até mesmo falar. Pode ser suave, mas sempre cheio de sincopados.

material sugerido para consulta: inúmeros. Dependerá, é claro, do tipo de Samba. Eis alguns bambas: Cartola, Nelson Cavaquinho, Ataulfo Alves, Ari Barroso, Noel Rosa, Caymmi, Sinhô, Nelson Sargento, Zé Keti, Zeca Pagodinho, Nei Lopes, Geraldo Babão, Xangô da Mangueira, Martinho da Vila, Candeia e muitos e muitos outros encontrados principalmente no Rio e na Bahia.

estilos derivados: muitos derivados, dentre os quais, Partido alto, Samba-de-roda, Escolas de Samba, Samba de breque, Pagode, Samba-funk etc.

Baião

Quando falamos sobre Baião, estamos expandindo para vários derivados encontrados no Nordeste, como o Forró, Quadrilha, Xote etc.

melodia: pode ser sofisticada ou não, usando muitas vezes escalas típicas (mixolídia, lídia b7) misturando-se com o tonalismo inerente à nossa cultura.

letra: geralmente de caráter social ou romântica. Pode ser de festejo ou de caráter jocoso, de gozação (muito usada no Xote).

ritmo: andamento médio ou ligeiro, com acentuação bem típica causada pela linha do baixo em combinação com uma pulsação inerente ao estilo.

harmonia: semimodal ou tonal.

fraseado: os instrumentos de percussão usados, como a zabumba e o triângulo, influenciaram tipicamente o fraseado do Baião e seus derivados.

material sugerido para consulta: discos de Luiz Gonzaga, Alceu Valença, Jackson do Pandeiro, Geraldo Azevedo, Dominguinhos, Elba Ramalho e muitos outros.

estilos derivados: Toada, Quadrilha, Xote etc.

É um estilo também muito usado na música instrumental devido à sua riqueza musical.

Samba-canção

origem: carioca com influência do Bolero nos anos 50.

melodia: sofisticada, com certa influência de Bolero, Bossa Nova e até mesmo Choro.

letra: geralmente de caráter romântico.

ritmo: andamento lento e médio.

harmonia: sofisticada, com influência jazzística e da Bossa Nova em algumas canções.

fraseado: suave com predominância de quiálteras. A harmonia pode exercer grande influência, assim como acontece com a Bossa Nova.

material sugerido para consulta: discos de Maysa, Tito Madi, Dorival Caymmi, Dolores Duran, Lucio Alves, entre outros.

Hoje em dia existem muitos boleros e sambas-canções disfarçados de balada pop. Trata-se também de uma fusão de estilos.

Frevo
origem: Nordeste, mais precisamente Recife. Muito tocado nas festas de carnaval de rua. Apresenta dança folclórica típica. Geralmente é tocado por bandas.

melodia: de ritmo em andamento acelerado

letras: geralmente leves, alegres e animadas. Muitas são letras típicas do carnaval pernambucano.

ritmo: acelerado em compasso 4/4

fraseado: típico

material sugerido para pesquisa: discos e partituras de Moraes Moreira, e os pernambucanos Nelson Ferreira e Duda.

estilos derivados: Marcha e Marcha-rancho.

Carnaval
Estilo que apresenta músicas típicas nos ritmos de Marcha (marchinha) e Samba, principalmente. Hoje em dia o carnaval não apresenta músicas novas feitas especialmente para essa celebração, com exceção dos sambas-enredo cantados nos desfiles das escolas de samba.

Na sua fase áurea, o carnaval chegou a apresentar músicas de grande inspiração, como os sambas e marchas de Braguinha *Linda lourinha*, *As pastorinhas*, esta de parceria com Noel, Custódio Mesquita (*Se a lua contasse*), Lamartine Babo, Ari Barroso, Alberto Ribeiro (*O orvalho vem caindo*), *Pierrô apaixonado*, de Noel e Heitor dos Prazeres, *Palpite infeliz*, *Agora é cinzas*, de Bide e Marçal, João Roberto Kelly (mais recentemente) com *Cabeleira do Zezé* e tantas e tantas outras canções.

Rock Brasil
origem: Rock dos anos 50 (Elvis Presley, Little Richards etc.), movimento que, no Brasil, se desenvolveu com a Jovem Guarda, transformou-se, a partir dos anos 70, com as parcerias de Raul Seixas e Paulo Coelho, e, nos anos 80, na corrente que hoje leva o nome do Rock Brasil.

melodia: não apresenta, a princípio, características típicas brasileiras, se bem que há certas diferenças em relação ao Rock oriundo dos EUA ou da Inglaterra, onde as principais correntes desse estilo se originaram.

letras: dependendo do estilo roqueiro, apresenta características próprias. Algumas recentes experiências mostram influência do movimento literário concretista (Titãs).

ritmo: pesado, em compasso 4/4 em geral bem similar ao estilo original. O uso de equipamento sofisticado é fundamental.

fraseado: típico (difícil de definir)

harmonia: predominância de tríades e acordes 7. Cadências harmônicas simples como V - IV - I, encontrado numa música de grande sucesso do Paralamas do Sucesso, *Alagados*. Muitas vezes a harmonia é sacrificada por causa de letras que não apresentam forma definida.

material sugerido para pesquisa: discos de Roberto Carlos (fase inicial), Erasmo, Raul Seixas, Vímana, Kid Abelha, Legião Urbana, Titãs, Paralamas do Sucesso, entre outros. Note-se que, por haver uma certa confusão entre esse estilo e o Pop brasileiro, devemos pesquisar, a partir do material sugerido, o que é um estilo e o que é outro.

Pop brasileiro (consideraremos a música Pop dos anos 60 para cá)
origem: paradas de sucesso internacionais (americana e européia). Consideremos os Beatles como um marco divisório e gerador de correntes brasileiras, inclusive.
melodia: não apresenta características típicas brasileiras, se bem que há diferenças em relação ao Pop internacional. É importante assinalar que o trabalho de arranjo, bem como o de produção, pode transformar um estilo típico qualquer em música Pop.
letras: geralmente abordando o romantismo de forma simples.
ritmo: predominância do compasso 4/4.
fraseado: de acordo com o estilo.
harmonia: predominância de tríades e acordes 7. Cadências harmônicas simples.
material sugerido para pesquisa: há uma infinidade. Alguns exemplos do Pop nacional incluem Lulu Santos, Rita Lee, Tim Maia (Pop funk), Lobão, Nico Rezende, Ritchie etc.
Há ainda muita influência de estilos, como o Reggae, o Blues, o Techno pop, dentre outros. Certas fusões feitas aqui no Brasil apresentam resultados bem interessantes.
O estilo Pop é tão abrangente que pode se estender até a compositores de MPB.
Exercício: Localize músicas nos estilos apresentados acima.

Canção popular
É um estilo muito cultivado no Brasil e apresenta influências do bolero ou, como queiram, música brega. Melodias de fácil assimilação e encadeamentos harmônicos óbvios. Tem dentre seus expoentes Orlando Dias, Waldick Soriano, Rosana, José Augusto e Wando.

Sertanejo
Música cultivada no interior do Brasil que teve seus maiores expoentes divulgados através de duplas sertanejas ou caipiras. Existem representantes mais autênticos, como Pena Branca e Xavantinho, Renato Teixeira, Almir Sater e Sergio Reis. Com a moda, que geralmente é imposta pelas grandes gravadoras, aconteceu o mais comum: os autênticos representantes daquele segmento musical foram perdendo terreno para as duplas sertanejas milionárias (breganejos) mais comerciais e repetitivas. Na sua forma autêntica, apresenta bastante beleza.

Estilos internacionais que influenciaram a criação dos nossos compositores
Pop:
Este termo, em síntese, significa popular. É a forma popular de se apresentar uma canção. É a forma que se adapta com facilidade ao processo industrial de mídia, marketing, enfim, ao padrão multinacional vigente. É claro que é música de consumo. Uma comparação que gostamos de usar é o uso do *tennis* e do *jeans*. Quais seriam as regras para criarmos uma música Pop? Bem, uma delas, e a mais simples, seria consultar as paradas de sucesso e analisar as canções que fazem parte das mais vendidas. Analisarmos sua forma, melodia, harmonia, ritmo e tudo o mais que compõe sua vestimenta. Há inúmeras subdivisões para a música Pop: Pop-rock, Pop internacional (europeu), Balada pop e muitas outras que não levam o nome Pop no rótulo, mas podem ser encontradas no mesmo baú. Não desmerecendo o estilo, mas sim fazendo uma análise técnica, podemos dizer que para sermos Pop dependemos muito mais da mídia do que da qualidade artística na criação e elaboração dessa fusão de estilos. Nos EUA costuma-se fazer uma simples divisão que rege o mercado fonográfico: Pop, Jazz, Country, Rock, Latino, Clássico, Gospel, Étnica, World music, Clássico. Às vezes, a coisa fica mais simples ainda quando dividem somente em Pop, Jazz, Clássico e World.
Achamos que a partir do que dissemos fica fácil identificar o Pop, abrindo caminho para a criação.

Balada
Geralmente é do tipo romântico, narrativa, no formato Verse, Bridge, Chorus, compasso 4/4. Muitas vezes funde-se com o Blues. Hoje em dia esse formato universal já tem muitos adeptos no Brasil.

Jazz
É a arte da improvisação em música. Suas origens porém remontam ao início do século (Ragtime). De lá para cá, o Jazz evoluiu muito, tanto nas formas como nos estilos, incorporando outros como o Rock ("Jazz rock" ou "fusion"), a música latina ("Latin jazz"), o "Brazilian jazz", entre outros. Fontes autênticas podem ser consultadas. Desde Art Tatum a Miles Davis, passando por Monk, Bill Evans, John Coltrane, Ella Fitzgerald, Sarah Vaughan, Keith Jarrett e tantos outros expoentes em várias correntes. Requer um estudo aprofundado e, apesar de apresentar versões cantadas, é mais utilizado como música instrumental. Quanto ao ritmo, pode ser apresentado em diferentes compassos e andamentos.

Swing
Forma popular do Jazz no período que vai de 1935 a 1945. Geralmente apresentado por big bands. Há algumas canções neste estilo aqui no Brasil: *A história de Lilly Braun*, de Edu e Chico, é uma delas.

Blues
É um estilo que tem muito a ver com o feeling (sentimento) e a alma. Geralmente segue uma harmonia típica em doze compassos:
|| I7 | IV7 | I7 | I7 | IV7 | IV7 | I7 | I7 | V7 | IV7 | I7 | V7 ||. No entanto, nem todos os Blues têm que seguir a seqüência harmônica acima. É também muito cultivado por nossos compositores. Alguns exemplos do Blues brasileiro: *Tigresa*, de Caetano, várias canções de Angela Rô Rô, Celso Blues Boy e outros.

Estilos derivados do Blues
Blues jazzístico: apresenta os 12 compassos com variantes harmônicas para improvisação naquele estilo.
Delta Blues: mantém a forma de 12 compassos com a harmonia colocada acima e acrescenta instrumentos como a gaita de Blues ou a guitarra.
Blues urbano: introduz o piano e a clarineta.

Rhythm & Blues:
Nascido nos anos 40, aderiu às big bands juntamente com o feeling romântico do negro americano. É considerado como estilo precursor do Rockn' roll. É de andamento lento/médio e muito adotado pelos cantores da Motown, gravadora norte-americana que lançou Stevie Wonder e Cia.

Folk
Exemplos desse estilo são encontrados em composições de Joan Baez, Bob Dylan e Joni Mitchell, que incorporaram mensagens sociais e políticas em suas letras. James Taylor e Carole King assimilaram muito do Folk e influenciaram os nossos compositores pop no início dos anos 70.

Disco Music
Estilo musical que apareceu entre 1975 e 1981, tipicamente dançante. Compasso 4/4. Chegou juntamente com o advento da bateria eletrônica. Alguns de seus expoentes foram

Donna Summer e Bee Gees. Hoje desapareceu.

Spirituals
Também conhecido como "negro spirituals", é formado por canções folclóricas nascidas na cultura negra em contato com o cristianismo. Muitas das canções tratam do assunto escravatura e seu sofrimento. Trata-se de um estilo muito cantado em igrejas, principalmente no Sul dos Estados Unidos.

Rock
Um rótulo usado para uma das formas mais populares de música a partir dos anos 50. Sua forma básica é em cima do Blues de 12 compassos. Utiliza harmonia simples. Esse estilo dá ênfase à sensualidade e à energia. É muito confundido com o Pop, que é mais comercial.

Rock-and-roll
Utiliza a guitarra como instrumento básico, grupos pequenos com formação (duas guitarras, baixo, bateria e cantor). Seus principais e primeiros expoentes foram Elvis Presley e Little Richards. Depois tivemos Rolling Stones e outros. O Rock literalmente invadiu o Brasil a partir dos anos 50.

Estilos derivados do Rock
Acid Rock: nascido na West Coast (Costa Oeste dos EUA) em 1965. Música proveniente de experiências com drogas do tipo LSD. Acordes repetidos, escalas modais, instrumentos orientais, tudo isso fazia parte do estilo. Alguns grupos: Grateful Dead, Pink Floyd, The Doors.

Soft Rock: está mais para o Pop do que para o Rock. Mais melódico. James Taylor, Carole King e Billy Joel podem ser considerados seus representantes.

Rock progressivo: caracterizado por "mudanças de clima", improvisações. Nascido na Inglaterra. Seu apogeu foi nos anos 60 e 70, tendo como representantes grupos como Emerson, Lake And Palmer, The Who, Focus, entre outros.

Hard Rock: um derivado do Rhythm & Blues que evoluiu até o Heavy Metal. Apresenta um som pesado, geralmente construído no formato Blues de 12 compassos. Não tem todo o aparato eletrônico do Heavy Metal. Seus primeiros adeptos podem incluir Elvis Presley, Jerry Lee Lewis e até mesmo Little Richards, e alguns contemporâneos, como Eric Clapton, Rolling Stones e o grupo Cream.

Folk Rock: é uma fusão dos dois estilos. A introdução da seção rítmica com bateria e guitarra elétrica é característica.

New Wave: um corrente derivada do Punk inglês com características antiestablishment, audaciosa, musicalmente apresentando som pesado. Há predominância de emoção em detrimento de tecnologia. Alguns de seus representatntes são o Sex Pistols, Talking Heads e New Order.

Punk: desenvolvido nos anos 70, representa uma rebelião contra o Rock então estabelecido. Seus representantes gostavam de provocar raiva. Usando roupas agressivas, som forte, música totalmente desprovida de forma.

Gospel
É precursor do Soul Music, porém apresenta letras religiosas em vez de românticas, como no Soul. Vocês conhecem um grupo chamado Take Six?

Soul Music
Começou também nos anos 60. É o casamento do Gospel com o Rhythm & Blues. Mistura o Gospel com o estilo Motown. São cantores como Marvin Gaye, Stevie Wonder, Diana Ross,

Ray Charles, Aretha Franklin, James Brown e até Jimi Hendrix os grandes representantes desse estilo.

Country Music

Música regional americana. Assemelha-se e confunde-se com o Folk. Apresenta cantores de voz suave. O uso da viola de 12 cordas é quase obrigatório. Este estilo influenciou, de certo modo, compositores do Pop americano como James Taylor, e até mesmo a corrente brasileira conhecida como Rock rural (Sá, Rodrix e Guarabira, Ruy Maurity e José Jorge) e alguns outros.

March (marcha inglesa)

Estilo marcado do tipo hino usando padrão "shuffle". Suas letras em geral são otimistas. *Penny Lane* e *Yellow Submarine*, dos Beatles, podem ser considerados como exemplos.

Merengue

Dança em 2/4 ou 4/4 originada na República Dominicana.

Rap

Estilo em que o cantor fala num ritmo métrico rápido. Muitas letras apresentam estilo non-sense, com rimas sobre um background rítmico a partir de uma levada pop-rock de baixo sintetizado e bateria eletrônica. É um estilo que, por mais que tentassem, não pegou no Brasil como moda, assim como nos EUA. É usado em bailes funk.

Outros estilos:

Foxtrote, Shuffle (base do fraseado rítmico jazzístico e do Boogie Woogie), Ragtime (Scott Joplin faz-nos identificar o estilo que pode ser comparado ao Choro), Jazz Waltz (Jazz em compasso 3/4), Valsas, Charleston (dança característica do início do século), Tango (estilo típico argentino), Baladas francesas e italianas, Bolero, Chá-chá-chá, Rumba, Salsa, Fado (oriundo de Portugal), Guarânia, Beguine (um bolero em andamento rápido), Mambo, Reggae (estilo proveniente da Jamaica com muita evidência na música Pop de hoje, tendo Bob Marley e Jimmy Cliff como alguns de seus grandes expoentes, que tem influenciado muito a música baiana).

ROTEIRO PARA SE ANALISAR UMA MÚSICA

Antes de escrevermos num ou noutro estilo, temos que saber analisar uma música sob vários aspectos. Não para copiarmos (plagiarmos) essa ou aquela canção, mas sim pela análise, e isso requer técnica, podemos constatar tudo o que aprendemos durante o nosso curso. Isso ajudará muito.

Roteiro:

- descobrindo o tipo (estilo) de canção, analise de forma (A - B - A etc.) tipos de acordes usados, tipos de seqüências harmônicas usadas. Modulações (onde estão). Desenvolvimento melódico (se houve unidade a partir de um motivo). Quantos motivos, se é que houve, foram usados. Considerações sobre a letra tomando-se por base o estudo aqui feito.

- o que **poderíamos** fazer para melhorar aquela canção em vários aspectos (Harmonia, letra etc.)

- Poderíamos transformá-la em outro estilo?

Capítulo VII
DEPOIS DA MÚSICA PRONTA

Escrevendo a partitura

Se o(s) compositor(es) não conhecer(em) música e não souber(em) as regras para escrever suas composições, deve(m) procurar um profissional (arranjador ou músico). Use tonalidades com poucas alterações (sustenidos ou bemóis), pois isso facilitará bastante a sua assimilação.

Existem programas de computador próprios para escrever música, mas de todo modo o compositor terá que conhecer um pouco de música para conferir se a escrita está certa ou não.

Aqui vão algumas dicas:

1) Escreva as notas com seu devido ritmo, compasso, armadura de clave etc.
2) Adicione cifragem nos pontos corretos, bem como a letra logo abaixo da melodia.
3) Escrever a lápis é mais seguro. Depois, passar a limpo.
4) Não juntar demais as notas; deixar espaço para a letra. O *Songbook de Noel Rosa* (Lumiar) e o do Paralamas do Sucesso (Gryphus) são boas referências.
5) Usar cifragem correta.
6) Escrever tudo com clareza.
7) Não precisa pular pautas. Papel com 8 ou 12 pautas é suficiente.
8) Separar sílabas.
9) Ligar as sílabas para notas diferentes.

Gravando a fita cassete

Procure gravar com o melhor som possível. Para que você não esqueça a música, qualquer gravação será suficiente. No entanto, para mostrar para cantores, produtores etc., é importante que você faça uma boa fita "demo". Não é necessário que grave com orquestra, com arranjo pronto e tudo o mais. Basta um violão ou piano, uma voz relativamente afinada, um "reverber" e está pronto. Existem compositores, principalmente nos EUA, que gravam fitas demo que são verdadeiras produções. Isso poderá influenciar um produtor de segunda ou um cantor que não tenha experiência. Um bom produtor ou cantor experiente saberá apreciar a sua criação mesmo a partir de uma fita razoavelmente gravada.

Copyright (Registro)

A Escola Nacional de Música da UFRJ mantém um departamento para tal. (Lei 5988/73)

Edição

Não há necessidade de se editar uma música. Caso alguém queira gravar sua música, basta uma autorização. A questão da edição merece uma atenção toda especial, pois se o compositor edita está transferindo para terceiros os direitos de sua obra. O termo edição, infelizmente, foi deturpado com o correr dos anos. A editora tem o dever de divulgar uma música através de partitura editada e enviando fitas demo para que a música apareça tanto quanto possível no mercado musical. Na realidade, hoje em dia, as editoras passam a deter os direitos sobre a obra do autor sem, na maioria das vezes, sequer divulgá-la. Cuidado com os adiantamentos! Funcionam como empréstimos bancários.

Direito Autoral

O criador é o único detentor real dos direitos de sua obra.

Os seus herdeiros passam a sê-lo até sessenta anos após a morte do autor, quando a obra fica sendo de domínio público.

O Direito Autoral em relação às gravações no Brasil pode ser resumido na forma abaixo:

Quanto a suas formas básicas:

a) Fonomecânicos (vendagem de discos fonográficos):

O intérprete recebe de 8% a 15% sobre o preço de venda do produto (disco) ao lojista.

O autor/editora recebe 8,4% calculados *pro rata*. No caso de música editada, ficam 70% para os autores e 30% para editora, em média. Tudo dependerá do contrato assinado entre as partes. Se a música não for editada, o percentual da editora é naturalmente abolido.

Os direitos fonomecânicos são pagos trimestralmente até sessenta dias após o mesmo, de acordo com a vendagem dos discos. Se a música é editada, o dinheiro é recebido diretamente pela editora que, então, repassa aos compositores o percentual estabelecido em contrato.

b) Execução Pública:

Os direitos do autor são recebidos do ECAD através das Associações de Titulares de Direito Autoral (AMAR, UBC etc.), de acordo com a execução pública em rádio, TV, shows etc. São em seguida repassados aos autores, mensalmente, através de depósito bancário na conta dos mesmos 48 horas após o recebimento proveniente do ECAD.

Os Direitos Conexos, que são os direitos de execução pública devidos pelo ECAD aos intérpretes, gravadoras, músicos e arranjadores, são assim repartidos: a gravadora fica com 50%. Dos 50% restantes, 2/3 vão para o intérprete e 1/3 para os arranjadores e músicos, recebidos através das Associaçoes de Titulares de Direitos Conexos (Socinpro, AMAR etc.). Os direitos de execução são pagos de acordo com o número de vezes em que uma música é executada em qualquer um desses lugares.

O critério é feito segundo amostragem levantada por serviço de escuta contratado pelo ECAD ou por proporcionalidade em relação às obras (músicas) executadas em algumas estações de rádio e TV escolhidas pelo próprio ECAD.

Há ainda outras formas de direitos autorais, como o direito moral (o que assegura a integridade da obra).

Para que haja distribuição (repasse) das associações a seus titulares (autores etc.) é preciso que as gravadoras, mesmo os pequenos selos independentes, tenham preenchido corretamente a ficha de cadastro de gravação (GRA) fornecida pelo ECAD através de uma das sociedades afiliadas.

O Direito Autoral por si só daria um outro livro, tamanha é a sua complexidade e deturpação. Aconselhamos que sejam procuradas as Associações de Titulares de Direitos Autorais para maiores esclarecimentos.

Arrecadação dos Direitos de Execução Pública

É feita através de recolhimento ao ECAD pelos usuários (rádio, TV, casas noturnas, shows, e quaisquer outros logradouros que utilizem a música como forma direta ou indireta para prestar serviços ou vender seus produtos, incluindo-se shoppings, cinemas etc,).

Distribuição:

O percentual do que foi arrecadado é dividido entre os titulares, conforme legislação imposta pelo Conselho Nacional do Direito Autoral e conforme a chave de partição (percentuais de cada autor, editora, contrato autoral).

Nota:

A editora é a detentora dos direitos autorais por um determinado tempo. É ela quem autoriza e recebe das gravadoras, bem como repassa aos autores os direitos fonomecânicos. Uma música pode ser co-editada (editada por mais de uma editora).

A gravadora é a detentora dos direitos do intérprete por determinado tempo. Pode autorizar cessão de fonogramas e é ela quem paga pelas vendas aos intérpretes, autores/editoras.

A sociedade (associação) de Direito Autoral repassa aos titulares os direitos de execução pública, incluindo os conexos. Teoricamente deveria fazer muito mais!

O ECAD é o órgão que arrecada e repassa às associações os direitos de execução pública.

O CNDA é o órgão que rege o Direito Autoral no Brasil. Tem caráter normativo.

O autor não é obrigado a editar as suas músicas nem a se filiar a uma associação. Pode receber direitos. É claro que se for um autor de sucessos, ou cria sua própria editora e mantém um contrato de administração com uma grande editora ou edita suas músicas diretamente com uma editora. (É importante ter uma assessoria jurídica em tais situações.)

Quanto aos direitos autorais de execução, pode recebê-los diretamente do ECAD (neste caso, filiando-se ao mesmo).

É importante conhecer mais de perto o trabalho de uma associação para ver o que esta poderá oferecer.

Esperamos que este livro possa ter esclarecido muitas questões sobre a arte de compor.

Glossário

a.e.m. - acorde de empréstimo modal, emprestado de outro modo, de escala homônima
acorde de preparação - geralmente é o de quinto grau (V7) ou seus substitutos
acorde interpolado - acorde adicionado no meio de uma seqüência
adagio - lento
adaptação - música derivada de outra; adaptada a partir de uma outra
alaúde - instrumento antigo da família das cordas dedilhadas
allegro - andamento rápido
alteração - qualquer sustenido, bemol, dobrado sustenido, dobrado bemol ou bequadro colocado antes de uma nota
amostragem - estatística criada para a distribuição dos direitos
andamento - velocidade que se imprime à execução de uma música em relação à unidade de tempo
armadura ou armadura de clave - sustenidos ou bemóis colocados no início da pauta; servem também para indicar em que tonalidade estamos
asscociação de titulares de direitos conexos - que reúnem os titulares (intérpretes, músicos e produtores fonográficos) para defesa dos direitos dos mesmos
associação de titulares de direitos autorais - que reúnem os titulares (compositores) para defesa dos direitos dos mesmos
backing vocalista - participante de grupo vocal formado para cantar principalmente melodias secundárias num arranjo
baixo pedal - baixo que se repete (repete as mesmas notas) enquanto os acordesse movem
baixo por inversão - baixo que não é a fundamental (nota que dá nome a um acorde)
batidas de tempo - marcações de tempo provenientes do compasso e do andamento
cadastramento de gravação - obrigação da gravadora de informar ao ECAD todos os dados referentes a um fonograma (faixa de um disco) para futuro repasse dos direitos a seus titulares
cadência - termo utilizado para uma seqüência de dois ou mais acordes
cadência harmônica - vide cadência
catchy - expressão que significa música (melodia) de fácil assimilação
cearenses - compositores que a partir de Fagner entraram no mercado ou no cenário musical brasileiro
cifragem - conjunto de símbolos usados com finalidade de simplificar a leitura de acordes e libertar o músico na sua interpretação; é a forma de escrita para instrumentos de harmonia mais encontrada nos arranjos hoje em dia
clichês harmônicos - passagens harmônicas de certo efeito usadas comumente num estilo qualquer
clips - abreviação de "video clips"
comas - é a nona parte de um intervalo de um tom
compasso - unidade métrica que divide uma música. Um compasso é constituído de batidas de tempo. Temos mais freqüentemente compassos binários, ternários, quaternários e compostos, estes utilizando nemeradores 6, 9 ou 12
compassos irregulares - que têm numeradores 5 e 7, principalmente
conexo - conexo ao direito autoral. Ver direito conexo

décima primeira - intervalo (distância) que corresponde a dezessete semitons
décima terceira - intervalo (distância) que corresponde a vinte semitons
direito de execução pública - proveniente da execução em rádio, TV e logradouros públicos em geral
direito moral - é o direito que protege a integridade da obra
direitos fonomecânicos - referentes à vendagem de cópias do produto (disco, vídeo etc.)
dórica - escala do segundo grau da tonalidade maior
ECAD - Escritório Central de Arrecadação dos Direitos. É o orgão que arrecada e distribui os direitos autorais no Brasil
empréstimo - tomar emprestado um acorde de outro tom ou modo
encadeamento - combinação de dois ou mais acordes consecutivos
eólia - a escala ou modo do sexto grau da escala maior
escala modal - proveniente dos modos (dórico, mixolídio etc.). Difere das escalas tonais (escala maior e escala menor)
escalas étnicas - oriundas de diferentes culturas
estilo concretista - estilo poético que se baseia principalmente no visual, abolindo a sintaxe e o verso
extensão da melodia - seus limites de altura tanto no grave quanto no agudo
fita demo - fita cassete de demonstração de uma música, que é normalmente entregue a um intérprete ou produtor
fonograma - faixa de um disco
frígia - escala do terceiro grau da tonalidade (escala) maior
funções dos acordes - suas relações interativas de instabilidade ou repouso
grau - é atribuído às diferentes notas de uma escala em seqüência
gravadora - empresa que detém os direitos de reprodução fonográfica sobre interpretações de músicas
grupo mineiro - compositores e músicos que alcançaram o sucesso e reconhecimento do público brasileiro a partir de Milton Nascimento
harmonia - é a arte de combinar acordes
II cadencial estendido - encadeamentos do tipo II - V consecutivos
impressionista - adepto do movimento artístico de origem francesa que se caracterizava pelo colorido sonoro harmônico, efeitos provenientes da combinação das sonoridades
intérprete - artista (individual ou grupo) que interpreta (canta ou toca) uma canção
intervalo - distância entre dois sons, duas alturas
jabá - propina paga pelas gravadoras a programadores de estações de rádio ou TV
jingle - música composta com finalidade de vender algum produto. Geralmente são de 30 ou de 60 minutos
jinglista - que compõe jingles
levada ou levada rítmica - o mesmo que groove. Geralmente é associado a um ritmo "balançado"
linha do baixo - melodia do baixo
linha melódica - melodia
lundu - dança antiga brasileira de influência africana. As canções possuíam letra de caráter cômico
maxixe - dança brasileira do início do século de ritmo tipicamente sincopado
métrica - é a medida do verso (contagem das sílabas)
mídia - meios de comunicação
minueto - forma musical clássica muito usada por J. S. Bach
mixolídia - a escala do quinto grau de uma tonalidade maior

modinha - estilo de cantiga popular tradicional na música brasileira
motivo básico - célula melódico-rítmica inicial de uma música
música instrumental - que não contém letra
non-sense - que não faz sentido
notation software - software para se escrever música, partituras. Pode ser através de seqüenciador
oitava - distância de altura de notas correspondente a doze semitons
pentatônica - escala composta por cinco notas
plágio musical - cópia ou grande semelhança de música ou de trecho de autoria de outrém
polca - dança tradicional de salão
power chords - acordes sem a terça utilizados normalmente em rock, principalmente pela guitarra
precisão rítmica - tocar com precisão, sem adiantar ou atrasar. Qualidade essencial nos bateristas e baixistas, principalmente
produção independente - ato de produzir sem o apoio de gravadora
prosódia - utilização de acentuação correta
quiáltera - figuração rítmica cuja divisão está em antagonismo com as divisões do compasso (Esther Scliar). As mais usadas são as tercinas, quiálteras formadas por três notas
quinta - alteração da duração das notas através da numeração que vem acima das mesmas. Existem diversos tipos de quiáltera, dependendo da numeração
regente - profissional que dirige um grupo de músicos, em geral de grande porte
registro vocal - extensão vocal
reverb ou reverber - equipamento, ou processador, que simula ambientes diversos
ritmo melódico - o ritmo inerente a uma melodia
ritmo pesado - atribuído a volume
samba de época - samba composto no passado
scat ou scat vocal - acompanhamento vocal sem letra. Normalmente usa-se riffs
scherzo - forma musical clássica
schottish - dança de salão mais lenta em relação à polca
semimodal - nem totalmente modal, nem totalmente tonal
seqüência diatônica - série de acordes provenientes de uma tonalidade
seqüência harmônica - série de acordes
sétima - sétima nota de uma escala
sexta - sexto grau de uma escala
sincopada - antecipada
síncope - antecipação rítmica de uma nota em relação à contagem dos tempos
síncope rítmica - vide síncope
sinfonia - forma clássica de composição para orquestra
sociedade de autores - que reúne autores com finalidade de proteger os seus direitos
substituição diatônica - acorde de uma mesma tonalidade com a mesma função (repouso ou instabilidade)
take - gravação. No entanto, uma gravação pode não ficar perfeita no primeiro take
tango brasileiro - denominação dada aos diversos estilos musicais brasileiros ritmados do início do século
tempo forte - em geral, o primeiro tempo de um compasso
tempo fraco - os outros tempos do compasso
tensão harmônica - atribui-se aos acordes que contêm as extensões da tétrade, ou seja, acordes que contêm sextas, nonas, décimas primeiras e décimas terceiras
titular de direitos - o(s) autores, o(s) intérprete(s), os músicos e o produtor fonográfico
tom relativo - tom maior ou menor que possui a mesma armadura em relação a um outro

menor ou maior
- **tonal** - que se refere a uma tonalidade ou a um determinado tom
- **tonalidade** - relação de tons e semitons dentro de uma determinada extensão
- **tonalismo** - referente ao sistema tonal
- **versão** - transposição da letra de uma canção para diferente idioma
- **virtuoso** - que possui muita técnica

Bibliografia

"Estudos de literatura brasileira" Douglas Tufano
Ed.: Editora Moderna
"O negro no Rio de Janeiro e sua tradição musical" Nei Lopes
Ed.: Pallas
"Pequeno dicionário do Direito Autoral"
Ed.: Coomusa
"Nosso Sinhô do Samba" Edigar de Alencar
MPB Reedições (MEC/Funarte)
"Carinhoso etc" Ary Vasconcellos
"BRock" Artur Dapieve
Ed.: 34
"Chico Buarque Letra e música" Humberto Werneck
Ed.: Cia. das letras
"Figuras e coisas da Musica Popular Brasileira" Jota Efegê
Ed.: MEC/Funarte
"Um certo Geraldo Pereira" Alice Duarte Silva de Campos, Dulcinéa Nunes Gomes, Francisco Duarte da Silva, Nelson Sargento
Ed.: MEC/Funarte
"No tempo de Ari Barroso" Sergio Cabral
Ed.: Lumiar
"Letra, Música e outras conversas" Leoni
Ed.: Gryphus
"Tons sobre tons" Márcia Cezimbra, Tessy Callado e Tarik de Souza
Ed.: Revan
"Songbooks (vários)" Almir Chediak
Ed.: Lumiar
"Caetano, esse cara" Hebert Fonseca
Ed.: Revan

centro musical antonio adolfo

aprenda com quem realmente toca...

Cursos Livres e Profissionalizantes

piano e teclado — iniciação musical
violão — harmonia
guitarra — leitura e percepção
baixo — tecnologia MIDI
bateria — história da música
sax — arranjo
flauta — prática de conjunto
flauta doce — composição
canto — coral

Rua Alte. Pereira Guimarães 72 cob.
22440-000 Leblon
Rio de Janeiro RJ
Tel: (021) 239-2975 ou 294-8175

email: adolfo@marlin.com.br

Outras publicações da Lumiar Editora

- **Songbook de Vinicius de Moraes**
Em três volumes (Português/Inglês)
Produzido e editado por *Almir Chediak*
(Mais de 150 canções de Vinicius de Moraes e parceiros com melodias, letras e harmonias)

- **Songbook de Carlos Lyra**
Em um volume (Português/Inglês)
Produzido e editado por *Almir Chediak*
(Mais de 50 canções de Carlos Lyra e parceiros com melodias, letras e harmonias revistas pelo compositor)

- **Songbook de Dorival Caymmi**
Em dois volumes
Produzido e editado por *Almir Chediak*
(Mais de 90 canções de Dorival Caymmi e parceiros com melodias, letras e harmonias revistas pelo compositor)

- **Songbook de Edu Lobo**
Em um volume
Produzido e editado por *Almir Chediak*
(Mais de 50 canções com partituras manuscritas, revisadas e harmonizadas pelo compositor)

- **Elisete Cardoso, Uma Vida**
Autor: *Sérgio Cabral*
(Sobre a vida da primeira dama da música popular brasileira)

- **Iniciação ao Piano e Teclado**
Autor: *Antonio Adolfo*
(Iniciação para crianças na faixa etária de 05 a 08 anos)

- **Piano e Teclado**
Autor: *Antonio Adolfo*
(Para níveis iniciantes e intermediários)

- **Harmonia e Estilo para Teclado**
Autor: *Antonio Adolfo*
(Para níveis mais adiantados)

- **Songbook de Ary Barroso**
Em dois volumes
Produzido e editado por *Almir Chediak*
(96 canções de Ary Barroso e parceiros com melodias, letras e harmonias)

- **As Escolas de Samba do Rio de Janeiro**
Autor: *Sérgio Cabral*
(Origens e desenvolvimento das escolas de samba do Rio de Janeiro. Documentado com fotos, entrevistas e todos os resultados dos desfiles desde 1932)

- **Arranjo — Método Prático**
Em três volumes
Autor: *Ian Guest*
(Literatura didática sobre como escrever para as variadas formações instrumentais, incluindo 117 exemplos gravados em CD anexo ao primeiro volume)

- **Pixinguinha, Vida e Obra**
Autor: *Sérgio Cabral*
(Sobre a vida e a obra do compositor e músico Pixinguinha)

- **Songbook de Djavan**
Em dois volumes (Português/Inglês)
Produzido e editado por *Almir Chediak*
(Mais de 90 canções de Djavan e parceiros com melodias, letras e harmonias revistas pelo compositor)

- **Arranjo — Um enfoque atual**
Autor: *Antonio Adolfo*
(Livro didático visando o preparo do aluno para uma realidade do mercado profissional brasileiro)

Outras publicações da Lumiar Editora

- **Harmonia & Improvisação**
Em dois volumes
Autor: *Almir Chediak*
(Primeiro livro editado no Brasil sobre técnica de improvisação e harmonia funcional aplicada em mais de 140 músicas populares)

- **Songbook de Caetano Veloso**
Em dois volumes
Produzido e editado por *Almir Chediak*
(135 canções de Caetano Veloso com melodias, letras e harmonias revistas pelo compositor)

- **Songbook da Bossa Nova**
Em cinco volumes (Português/Inglês)
Produzido e editado por *Almir Chediak*
(Mais de 300 canções da Bossa Nova com melodias, letras e harmonias na sua maioria revistas pelos compositores)

- **Escola moderna do cavaquinho**
Autor: *Henrique Cazes*
(Primeiro método de cavaquinho solo e acompanhamento editado no Brasil nas afinações ré-sol-si-ré e ré-sol-si-mi)

- **Songbook de Tom Jobim**
Em três volumes (Português/Inglês)
Produzido e editado por *Almir Chediak*
(Mais de 100 canções de Tom Jobim com melodias, letras e harmonias revistas pelo compositor)

- **Songbook de Rita Lee**
Em dois volumes
Produzido e editado por *Almir Chediak*
(Mais de 60 canções de Rita Lee com melodias, letras e harmonias revistas pela compositora)

- **Songbook de Cazuza**
Em dois volumes
Produzido e editado por *Almir Chediak*
(64 músicas de Cazuza e parceiros com melodias, letras e harmonias)

- **Batucadas de samba**
Autor: *Marcelo Salazar*
(Como tocar os vários instrumentos de uma escola de samba. Em seis idiomas)

- **O livro do músico**
Autor: *Antonio Adolfo*
(Harmonia e improvisação para piano, teclado e outros instrumentos)

- **A arte da improvisação**
Autor: *Nelson Faria*
(O primeiro livro editado no Brasil de estudos fraseológicos aplicados na improvisação para todos os instrumentos)

- **Songbook de Noel Rosa**
Em três volumes
Produzido e editado por *Almir Chediak*
(Mais de 100 canções de Noel Rosa e parceiros com melodias, letras e harmonias)

- **Songbook de Gilberto Gil**
Em dois volumes
Produzido e editado por *Almir Chediak*
(130 músicas de Gilberto Gil com melodias, letras e harmonias revistas pelo compositor)

- **Segredos do violão**
(Português/Inglês/Francês)
Autor: *Turíbio Santos*
Ilustração em quadrinhos: *Cláudio Lobato*
(Um manual abrangente, que serve tanto ao músico iniciante quanto ao profissional)

- **No tempo de Ari Barroso**
Autor: *Sérgio Cabral*
(Sobre a vida e a obra do compositor, músico e radialista Ari Barroso)

- **Método Prince • Leitura e Percepção - Ritmo**
Em três volumes (Português/Inglês)
Autor: *Adamo Prince*
(Considerado por professores e instrumentistas como o que há de mais completo, moderno e objetivo para o estudo do ritmo)

Este livro foi impresso nas oficinas gráficas da
Editora Vozes Ltda.,
Rua Frei Luís, 100 — Petrópolis, RJ,
com filmes e papel fornecidos pelo editor.